Español

Sexto grado

Español. Sexto grado

Secretaría de Educación Pública
Josefina Vázquez Mota

Subsecretaría de Educación Básica
José Fernando González Sánchez

Dirección General de Materiales Educativos
María Edith Bernáldez Reyes

Autores
Celia Díaz Argüero
María del Carmen Larios Lozano
Miguel Ángel Vargas García

Colaboradora
Celia María Zamudio Mesa

Supervisión técnica y pedagógica
Subsecretaría de Educación Básica y Normal
de la Secretaría de Educación Pública

Apoyo institucional
Fundación SNTE para la Cultura
del Maestro Mexicano, A.C.

Portada
Diseño: Comisión Nacional de Libros de Texto Gratuitos,
con la colaboración de Luis Almeida
Ilustración: *Madre campesina,* 1924
Óleo sobre yute, 219 × 173 cm
David Alfaro Siqueiros (1896-1974)
Museo de Arte Moderno, México, D.F., INBA-CNCA
Reproducción autorizada: Instituto Nacional
de Bellas Artes y Literatura
Fotografía: Javier Hinojosa

Servicios editoriales
Miscelánea Gráfica, S.A. de C.V.

Coordinación editorial:
Beatriz Mackenzie

Ilustración:
Jorge Herrera, pinturas
Mauricio Gómez Morin, viñetas
Francisco González, mapas

Diseño gráfico:
Gabriela Rodríguez Valencia
Fernando Rodríguez Álvarez
Pablo Corkidi Abud

Primera edición, 1994
Tercera edición, 1997
Undécima reimpresión, 2007 (ciclo escolar 2008-2009)

D.R. © Ilustración de portada: David Alfaro Siqueiros/INBA
D.R. © Secretaría de Educación Pública, 1994
    Argentina 28, Centro,
    06020, México, D.F.

ISBN 978-968-29-6254-7

Presentación

Este es un nuevo libro de texto gratuito, destinado a los alumnos de sexto grado de las escuelas del país. Fue elaborado en 1994, en sustitución del que, con pocas modificaciones, se había utilizado durante veinte años.

La renovación de los libros de texto gratuitos es parte del proyecto general de mejoramiento de la calidad de la enseñanza primaria que desarrolla el gobierno de la República. Para cumplir tal propósito es necesario contar con materiales de enseñanza actualizados, que correspondan a las necesidades de aprendizaje de los niños y que incorporen los avances del conocimiento educativo.

La Secretaría de Educación Pública ha establecido un procedimiento distinto del tradicional para renovar los libros de texto: ha convocado a concursos abiertos, en los que presentaron propuestas cientos de maestros, especialistas y diseñadores gráficos. Las propuestas, ajustadas a los planes y programas de estudio, fueron evaluadas por jurados independientes, integrados por personas con prestigio y experiencia.

El jurado de Español de sexto grado seleccionó este libro como el ganador y la Secretaría de Educación Pública lo ha adoptado como texto gratuito.

Con la renovación de los libros de texto se pone en marcha un proceso de perfeccionamiento continuo de los materiales de estudio para la escuela primaria. Cada vez que la experiencia y la evaluación lo hagan recomendable, los libros del niño y los recursos auxiliares para el maestro serán mejorados, sin necesidad de esperar largo tiempo para realizar reformas generales.

Para que estas tareas tengan éxito es indispensable la opinión de los maestros y de los niños que trabajarán con este libro, así como las sugerencias de madres y padres de familia que comparten con sus hijos las actividades escolares. La Secretaría de Educación Pública necesita sus recomendaciones y críticas. Estas aportaciones serán estudiadas con atención y servirán para que el mejoramiento de los materiales educativos sea una actividad sistemática y permanente.

ÍNDICE

LA PRIMERA PÁGINA

Jaime Moreno Villarreal

La primera vez que traté de leer un libro que tenía puras letras, no llegué ni a la segunda página. Yo sólo había leído los libros de la escuela, que siempre tienen muchas ilustraciones. Es cierto que también leía historietas, donde las letras son pocas y aparecen encerradas en globitos, y donde cuentan mucho los dibujos. Pero aquel libro era otra cosa.

Tenerlo entre las manos me hacía sentir mayor. Era un volumen gordo, con las letras pequeñitas. Para leerlo habría que dedicarle muchas tardes, e incluso los sábados y los domingos. Me dieron unas enormes ganas de conocer lo que decía y, al empezar a leerlo, con ansias de novedad, sentí que podía ver correr mi vida por delante, que todo lo que en esas líneas iría aprendiendo me iba a servir para siempre. Lo malo es que yo no entendía muy bien lo que estaba escrito. No es que no supiera leer bien, sino que era difícil. Después de batallar un rato, lo cerré al terminar la primera página. Dejé una hojita de

oropel como marcador en la página dos, pensando que quizá lo volvería a abrir pasado algún tiempo.

Fue al cerrarlo cuando me di cuenta de que le faltaba un pedazo. No es que estuviera roto o desencuadernado; era algo peor, el libro estaba mordido. Alguien le había clavado los dientes por atrás y le había arrancado párrafos enteros de las últimas páginas. ¡Así que a ese gran libro le faltaba el final! ¿Y qué tal si lo hubiera leído yo durante todos los años por venir, para que a la hora de la hora resultara que no había final?

Fui a revisar el estante de donde había tomado el libro, y hallé un pequeño rastro de aserrín que delataba al devorador de libros. Había un caminito de polvo que bajaba a la puerta, salía del cuarto e iba a desaparecer tras un sillón. Claro, ¡tenía que ser un ratón! Así se lo hice saber a Chuco y Clementina.

—Será más bien una ratona —dijo Clementina—, una ratona que estará haciendo su nidito y que está por traer al mundo una pandilla de comilones. Hay que hacer algo inmediatamente.

Así que yo cargué con la escoba como si en verdad fuera valiente, mientras que Chuco apartó el sillón de la pared. Efectivamente, hallamos el pequeño nido que una ratoncita había construido pacientemente para recibir a sus crías. Pero no había ahí ratona ni ratones. Sólo el nido cuidadosamente construido con pedacitos de papel arrancados de libros, periódicos y revistas.

Aquello era de verse. Había ahí un pedazo de mapa de la República Mexicana junto a la fotografía rota de un deportista, con un fragmento de preguntas y respuestas tomadas de una entrevista, y al lado Chuco y yo pudimos leer el principio de un libro infantil que decía más o menos "Érase una vez en un reino muy lejano…". Trozos y trozos de letras, oraciones, encabezados, párrafos de la más variada procedencia, tapizaban el nido de los ratones.

Había unas tiritas de papel que se referían a lo que alguien pensaba sobre la visita de un importante jefe de Estado, luego seguía un recorte mordisqueado con una descripción de las montañas más altas del mundo en la cordillera del Himalaya, y atrás de él se podían distinguir los graciosos parlamentos de dos personajes. Se empalmaban, completando el nido, las instrucciones para conectar la antena a un aparato de música con radio y tocadiscos; frente a éstas había un pedazo de papel en el que dos personas firmaban la compraventa de un terreno. Luego distinguí en un recoveco unos versos que rimaban, y leí con atención el extracto de un artículo donde un profesor argumentaba la necesidad de combatir en sus orígenes las causas de la contaminación. Finalmente, en el fondo de ese nido de roedores distinguí por la letra chiquita los pedazos arrancados del libro que yo había intentado leer. ¡Ahí estaba el final perdido!

Me acerqué cuidadosamente para leer de una vez aquellas palabras que, de otra manera, me habría llevado días, quizá meses, quizá años alcanzar a comprender, una vez que hubiera terminado con aquel voluminoso libro. Y así leí el final de aquella obra que me podría ocupar toda la vida.

—Oye, Chuco —le confesé a mi amigo—, no acabo de entender. ¿Por qué será?

—¡Porque la lectura nunca acaba! —me respondió—. ¡Nunca creas que al terminar un libro has terminado de leer!

Claro. Mi amigo tenía razón. Uno tiene que seguir leyendo. Uno podrá terminar un libro y luego otro, una revista y luego otra, pero nunca hay un final de la lectura.

Alzamos cuidadosamente el nido de los ratones y lo llevamos afuera, lejos de ahí, dejando un minúsculo rastro de aserrín para que la ratoncita comilona lo siguiera y diera a luz tranquilamente a su prole. Dejamos el nido donde a nadie pudiera hacer daño, donde los cuentos, los mapas, las entrevistas, los poemas, las noticias, las obras de teatro, los artículos pudieran crecer en libertad para luego volver a los libros.

INTERCAMBIO DE IDEAS

El personaje del cuento "La primera página" narra sus experiencias con los libros y habla de su encuentro con fragmentos de distintos textos. En este libro tú también podrás tener nuevas experiencias con la lectura.

- Al igual que el personaje del cuento, con frecuencia uno encuentra dificultades al leer un libro. Comenta con tus compañeros lo siguiente:

  ¿Por qué, aunque el niño sabía leer, le resultó difícil el libro?
  ¿Qué le hizo pensar que podría entender el libro después de algún tiempo?
  ¿Ustedes han estado en una situación parecida? ¿Con qué material? ¿Por qué les ha parecido difícil? ¿Qué han hecho en ese caso?
  ¿Creen que exista algún libro que pueda servirles para toda la vida? ¿Por qué?

- Lean de nuevo la última parte del cuento y contesten las siguientes preguntas:

  ¿Por qué se dice que "nunca hay un final de la lectura"?
  ¿Creen que lo que aprendan en un libro pueda servirles para entender mejor otros libros?
  ¿Creen que un libro pueda entenderse y disfrutarse mejor si lo leen más de una vez?

- En el cuento se mencionan varios fragmentos de distintos textos. Identifíquenlos y hagan una lista en el pizarrón.

- Piensen a qué lugar perteneció cada fragmento; por ejemplo, a una enciclopedia, a un libro de poesía, a un periódico, a una revista, a una historieta, a un instructivo o a un libro con obras de teatro.

■ Cuando se habla o se escribe se hace con distintas intenciones, por ejemplo, informar, opinar, expresar sentimientos, convencer, divertir, explicar algo. Imaginen con qué intención se escribió cada uno de los textos que identificaron.

UN NUEVO LIBRO

Casi todos tenemos la costumbre de hojear los libros que llegan a nuestras manos. Seguramente tú ya lo hiciste con este libro. Aquí hay algunas ideas para que lo explores y lo conozcas mejor. Invita a dos compañeros a trabajar contigo.

■ Observen el índice. En él verán los números de las lecciones, los títulos de las lecturas y los nombres de los ejercicios que lo forman; también encontrarán los temas que se trabajan en algunos ejercicios. Con la ayuda del índice resuelvan las siguientes situaciones:

• Localicen una lección donde se trabaje con literatura.
• En la lección 2 hay dos lecturas. ¿Cuál es el título de cada una de ellas? Identifiquen los ejercicios que se relacionan con cada una.
• Si fuera necesario elaborar un resumen, ¿qué ejercicios les servirían para hacerlo?
• Imaginen que tienen que escribir el plural de la palabra avestruz y dudan si va con c o con z. ¿En qué lección buscarían la información necesaria para resolver su duda?

■ Al final del libro hay tres anexos con sugerencias tanto para redactar y corregir sus escritos como para preparar temas. ¿Cuál es el nombre de cada uno? Cada quien lea un anexo y juntos resuelvan las siguientes situaciones:

• Si tuvieran que hacer una exposición oral sobre las plantas de los desiertos mexicanos, ¿cuál de los tres anexos les sería más útil? ¿Por qué?
• Imaginen que redactaron una noticia para el periódico de la escuela, pero quieren asegurarse de presentar su texto de la mejor manera posible. ¿Qué anexo utilizarían? ¿Por qué?

■ También encontrarán al final del libro un glosario. Platiquen para qué sirve.

■ En las lecciones aparecen recuadros con información en letras negritas. Esa información servirá para entender mejor los temas que están estudiando. Busquen tres ejemplos, léanlos y coméntenlos.

■ Este libro los va a invitar a que lean otros libros. En el margen izquierdo de algunas páginas encontrarán pequeños recuadros con títulos interesantes relacionados con el tema de la lección. Busquen algunos y cópienlos en las siguientes líneas.

_____

_____

_____

_____

■ Las actividades que se sugieren en este libro pueden hacerse de distintas formas: unas son para trabajarse de manera individual, otras en equipo y algunas más en grupo, pero siempre con ayuda de su maestro.

■ En este libro los acompañarán Clementina, Chuco y Firulais. Diviértanse observando sus travesuras en cada lección:

■ Pónganse de acuerdo para que juntos consigan libros, revistas, periódicos y otros materiales escritos que incrementen el **acervo** de la Biblioteca de Aula.

LA BIBLIOTECA PÚBLICA

En las bibliotecas públicas se pueden consultar libros, enciclopedias, diccionarios, monografías, censos, atlas y publicaciones periódicas como revistas y diarios. Tal vez tú ya conoces alguna. Las siguientes actividades te permitirán saber cómo están organizadas.

■ En las bibliotecas hay catálogos con los datos de los materiales escritos. Esos catálogos pueden estar integrados con fichas como ésta:

I
972.001
G37

Garza, Mercedes de la
Mayas y aztecas / texto Mercedes de la Garza; ilustraciones de Arnaldo Goen. —México, SEP, Salvat, 1990 [64] p. —.(Colección Colibrí)

1. Mayas, Historia. 2. Aztecas, Historia. 3. Indios de México, Historia.

■ Obsérvala con cuidado y contesta:

¿Quién escribió el libro?
¿En qué lugar y cuándo se publicó?
¿Cuál es el título?
¿Quién lo ilustró?
¿Cuántas páginas tiene?
¿Forma parte de alguna colección? ¿De cuál?
¿Qué temas contiene el libro?

■ Las tarjetas están organizadas por orden alfabético en tres ficheros distintos: por autor, por título y por tema. En la tarjeta que acabas de leer, fíjate cuál de esos datos aparece primero.

¿En qué fichero crees que estaría? ¿Por qué?

■ Escribe en tu cuaderno una ficha del mismo libro haciendo los cambios necesarios para que pueda ser colocada en el fichero de títulos.

■ Indaga cuál es la biblioteca pública más cercana y visítala. Investiga:

¿Qué servicios proporciona?
¿Cuántos y qué tipo de libros prestan para leer en casa?
¿Por cuánto tiempo los prestan?
¿Qué se puede hacer si no encuentras el libro que buscas?
¿Cuáles son las responsabilidades de un usuario con la biblioteca pública?

■ Para localizar el material que necesitas sigue estos pasos:

• Busca en los ficheros el dato que conozcas: puede ser el tema, el título o el nombre del autor.

• Anota la clave de localización que se encuentra en la esquina superior de la tarjeta. Esta misma clave la vas a encontrar en el lomo del libro; búscalo en los estantes de la biblioteca.

■ Para hacer uso del servicio de préstamo a domicilio es necesario llenar formatos de solicitud y credencial como éstos:

RED NACIONAL DE BIBLIOTECAS PÚBLICAS

Fecha de vencimiento _____

Nombre _____ Edad _____

Domicilio _____

_____ C.P. _____ Teléfono _____

Ocupación _____

Escuela o trabajo _____

Dirección _____ C.P. _____ Teléfono _____

Me comprometo a cumplir las disposiciones
del Reglamento de Préstamo a Domicilio.

_____   _____
Firma del lector   Firma del encargado de la biblioteca

RED NACIONAL DE BIBLIOTECAS PÚBLICAS
Servicio de préstamo a domicilio

Biblioteca núm._____

Lector _____

Domicilio _____

_____

Fecha de vencimiento _____

■ Llénalos con los datos que se piden; compáralos con los que llenaron algunos de tus compañeros y coméntenlos.

■ Si puedes, inscríbete al servicio de préstamo a domicilio de una biblioteca.

Con las siguientes actividades van a conocer y organizar la Biblioteca de Aula.

■ Revisen los materiales que han reunido. Estas son algunas ideas para hacer más divertida la revisión:

• Reúnan en una mesa todos los materiales.
• Un alumno tomará un libro o revista sin que los demás vean cuál es y leerá en voz alta alguna de sus partes.
• El resto del grupo intentará adivinar lo siguiente:

¿Qué material es: un periódico, una revista, un libro?
¿Qué parte está leyendo: el título, el índice, el texto?
¿De qué se trata?
¿Para qué sirve: para informarse, para expresar sentimientos, para divertirse?

• Si la información que leyó el compañero no fue suficiente para contestar, pídanle que continúe la lectura.

■ Otra manera de explorar los libros es identificando qué tipo de texto es. Por ejemplo:

Cuento Poesía Historieta Ciencia Historia Instructivos

■ Ustedes ya saben cómo se ordenan los libros de una biblioteca. Después de revisar sus materiales, decidan cómo organizarlos: por título, por tema o por autor.

¿POR QUÉ LA ORTOGRAFÍA?

Seguramente te has preguntado para qué sirve la ortografía. ¿Por qué no escribir "sanaoria" en vez de "zanahoria", si de todas maneras se entiende? Pero, ¿será lo mismo escribir "haz" en lugar de "has"?

■ A veces, algunos escritores famosos juegan con la ortografía y se divierten cambiando algunas letras, tal como lo hace Julio Cortázar en el siguiente párrafo. Léelo en voz alta.

Konosimos a Abila Sanches ayá por 1936 en Linares i luego en Monterei lo tratamos en su ogar, que parecía próspero y felis... Posteriormente, en San Luis Potosí, enkontró a una joben bondadosa ke le tubo simpatía y aseptó kasarse kon él.

■ Ahora copia el texto corrigiendo la ortografía.

_____

_____

_____

_____

_____

_____

■ Compara tu trabajo con el de algún compañero y fíjense si les quedó igual. ¿Cuál se entiende mejor, el de Julio Cortázar o los que ustedes escribieron? ¿Por qué?

> A veces, el significado de una palabra se entiende aunque esté escrita con faltas de ortografía. Por ejemplo: "ogar" puede entenderse, pero la escritura correcta es "hogar". Otras veces, el cambio de una letra modifica el significado, aunque no altere el sonido. Por ejemplo la palabra "tuvo" es el pasado del verbo tener, pero "tubo" se refiere a un objeto cilíndrico, largo y hueco.

■ Lee las siguientes oraciones:

Pedro se va a casar.   Pedro se va a cazar.

¿A qué se refiere cada una? ¿Cómo lo supiste?

■ Localiza en el diccionario las siguientes palabras. Recuerda que cuando se trata de verbos es necesario buscarlos en infinitivo.

sabia   sabía   savia

■ Escríbelas en el lugar correcto para completar lo siguiente:

Doña Luz era una mujer _____, ella _____

mucho sobre las propiedades curativas de la _____.

■ Lee detenidamente las siguientes oraciones:

La <u>ventana da</u> hacia <u>Portales</u>, señores.
La <u>venta nada</u> hacía <u>por tales</u> señores.

■ Fíjate en las partes que están subrayadas. ¿Significan lo mismo? ¿Cómo explicarías el cambio de significado? Lee el siguiente ejemplo y localiza las partes en donde se observa lo mismo.

Era parte de su quehacer, pero José Francisco tardó mucho en tender su cama, no podía entender por qué tenía que hacer lo mismo todos los días.

■ Escribe en tu cuaderno una oración con cada una de las palabras o expresiones siguientes y compáralas con las de tus compañeros.

la baba / lavaba   la menta / lamenta   ve naves / ven aves

■ Observa que las siguientes palabras tienen significados diferentes dependiendo del uso del acento. Escribe una oración con cada una de ellas.

ánimo	animo	animó
náufrago	naufrago	naufragó
práctico	practico	practicó
crítico	critico	criticó
catálogo	catalogo	catalogó

El uso de espacios en blanco entre una palabra y otra puede hacer que lo que se escribe exprese cosas diferentes. El acento también cambia el significado de las palabras.

¿PARA QUÉ LA PUNTUACIÓN?

■ Lee la siguiente frase:

Josefina camina

■ Ahora, léela como si fuera una pregunta y después como una orden. Escríbelas en tu cuaderno usando los signos de puntuación correspondientes.

Al hablar, usamos pausas y cambios en la entonación para darle un sentido específico a lo que decimos. En la escritura utilizamos los signos de puntuación para darle claridad a lo que expresamos.

■ Lee en voz alta las siguientes expresiones:

Esa bicicleta no es mía.
¿Esa bicicleta? No, es mía.
Esa bicicleta no, ¡es mía!

■ Platica con tus compañeros. ¿En qué se parecen? ¿Significan lo mismo? ¿Por qué?

■ Escoge un texto de tu libro de *Lecturas* y léelo a tus compañeros. Fíjate en la puntuación para hacer la entonación adecuada.

Algunas expresiones, aunque están formadas por las mismas palabras y colocadas en el mismo orden, tienen distintos significados cuando su puntuación es diferente. Aunque los signos de puntuación no corresponden a sonidos como las letras, sirven para leer de cierta manera; si se cambian, se modifica la entonación al leerse, y por lo tanto, el sentido de la oración.

■ Lee lo siguiente:

"César entró sobre la cabeza; llevaba el casco en los pies; las sandalias en la mano; la fiel espada desenvainada..."

• Si cambias de lugar los signos de puntuación, quizá César entre de otra manera. Hazlo en tu cuaderno.

FRANCISCA Y LA MUERTE

Onelio Jorge Cardoso

—Santos y buenos días —dijo la Muerte, y ninguno de los presentes la pudo reconocer. ¡Claro!, venía la parca con su trenza retorcida bajo el sombrero y su mano amarilla en el bolsillo.

—Si no molesto —dijo—, quisiera saber dónde vive la señora Francisca.

—Pues mire —le respondieron, y asomándose a la puerta, un hombre señaló con un dedo rudo de labrador:

—Allá por los matorrales que bate el viento, ¿ve?, hay un camino que sube la colina. Arriba hallará la casa.

"Cumplida está" pensó la Muerte, y dando las gracias echó a andar por el camino aquella mañana en que, precisamente, había pocas nubes en el cielo y todo el azul resplandecía de luz.

Andando pues, miró la Muerte la hora y vio que eran las siete de la mañana. Para la una y cuarto, pasado el meridiano, estaría en su lista, cumplida ya, la señora Francisca.

"Menos mal, poco trabajo; un solo caso", se dijo satisfecha de no fatigarse la Muerte y siguió su paso, metiéndose ahora por el camino apretado de **romerillo** y rocío.

Efectivamente, era el mes de mayo y con los aguaceros caídos no hubo semilla silvestre ni brote que se quedara bajo tierra sin salir al sol. Los retoños de las **ceibas** eran pura caoba transparente. El tronco del guayabo soltaba, a espacios, la corteza, dejando ver la carne limpia de la madera. Los cañaverales no tenían una sola hoja amarilla. Verde era todo, desde el suelo al aire y un olor a vida subiendo de las flores.

Natural que la Muerte se tapara la nariz. Lógico también que ni siquiera mirara tanta rama llena de nidos, ni tanta abeja con su flor: Pero, ¿qué hacerse?; estaba la Muerte de paso por aquí, sin ser su reino.

Así pues, echó y echó a andar la Muerte por los caminos hasta llegar a casa de Francisca:

—Por favor, con Panchita —dijo **adulona** la Muerte.

—Abuela salió temprano —contestó una nieta de oro, un poco temerosa aunque la parca seguía con su trenza bajo el sombrero y la mano en el bolsillo.

—¿Y a qué hora regresa? —preguntó.

—¡Quién sabe! —dijo la madre de la niña—. Depende de los quehaceres. Por el campo anda, trabajando.

Y la Muerte se mordió el labio. No era para menos, seguir dando rueda por tanto mundo bonito y ajeno.

—Hace mucho sol. ¿Puedo esperarla aquí?

—Aquí quien viene tiene su casa. Pero puede que ella no regrese hasta el anochecer.

"¡Chin!", pensó la Muerte, "se me irá el tren de las cinco. No, mejor voy a buscarla". Y levantando su voz, dijo la Muerte:

—¿Dónde, de fijo, pudiera encontrarla ahora?

—De madrugada salió a ordeñar. Seguramente estará en el maíz, sembrando.

—¿Y dónde está el maizal? —preguntó la Muerte.

—Siga la cerca y luego verá el campo arado detrás.

—Gracias —dijo secamente la Muerte y echó a andar de nuevo.

Pero miró todo el extenso campo arado y no había un alma en él. Sólo garzas. Soltóse la trenza la Muerte y rabió: "¡Vieja andariega, dónde te habrás metido!" Escupió y continuó su sendero sin tino.

Una hora después de tener la trenza ardida bajo el sombrero y la nariz repugnada de tanto olor a hierba nueva, la Muerte se topó con un caminante:

—Señor, ¿pudiera usted decirme dónde está Francisca por estos caminos?

—Tiene suerte —dijo el caminante—, media hora lleva en casa de los Noriegas. Está el niño enfermo y ella fue a sobarle el vientre.

—Gracias —dijo la Muerte como un disparo, y apretó el paso.

Duro y fatigoso era el camino. Además ahora tenía que hacerlo sobre un nuevo terreno arado, sin **trillo**, y ya se sabe cómo es de incómodo sentar el pie sobre el suelo irregular y tan esponjoso de frescura, que se pierde la mitad del esfuerzo. Así por tanto llegó la Muerte hecha una lástima a casa de los Noriegas.

—Con Francisca, a ver si me hace el favor.

—Ya se marchó.

—¡Pero, cómo! ¿Así, tan de pronto?

—¿Por qué tan de pronto? —le respondieron—. Sólo vino a ayudarnos con el niño y ya lo hizo. ¿De qué extrañarse?

—Bueno... verá —dijo la Muerte turbada—, es que siempre una hace sobremesa en todo, digo yo.

—Entonces usted no conoce a Francisca.

—Tengo sus señas —dijo burocrática la impía.

—A ver, dígalas —esperó la madre—. Y la Muerte dijo:

—Pues... con arrugas; desde luego ya son sesenta años.

—¿Y qué más?

—Verá... el pelo blanco... casi ningún diente propio... nariz, digamos...

—¿Digamos qué?

—Filosa.

—¿Es todo?

—Bueno... además de nombre y dos apellidos.

—Pero usted no ha hablado de sus ojos.

—Bien; nublados... sí, nublados han de ser... ahumados por los años.

—No, no la conoce —dijo la mujer—. Todo lo dicho está bien, pero no los ojos. Tiene menos tiempo en la mirada. Ésa a quien usted busca, no es Francisca.

Y salió la Muerte otra vez al camino. Iba ahora indignada sin preocuparse mucho por la mano y la trenza, que medio se le asomaba bajo el ala del sombrero.

Anduvo y anduvo. En casa de los González le dijeron que estaba Francisca a un tiro de ojo de allí, cortando pasto para la vaca de los nietos. Mas sólo vio la Muerte la pastura recién cortada y nada de Francisca, ni siquiera huella menuda de su paso.

Entonces la Muerte, quien ya tenía los pies hinchados dentro de los botines enlodados, y la camisa negra, más que sudada, sacó su reloj y consultó la hora: "¡Dios! ¡Las cuatro y media! ¡Imposible! ¡Se me va el tren!" Y echó la Muerte de regreso, maldiciendo.

Mientras, a dos kilómetros de allí, Francisca **escardaba** de malas hierbas el jardincito de la escuela. Un viejo conocido pasó a caballo y, sonriéndole, le echó a su manera el saludo cariñoso:

—Francisca, ¿cuándo te vas a morir?

Ella se incorporó asomando medio cuerpo sobre las rosas y le devolvió el saludo alegre:

—Nunca —dijo—, siempre hay algo que hacer.

Dos

INTERPRETACIONES DEL TEXTO

Después de leer el texto, respondan entre todos las siguientes preguntas. Apoyen sus opiniones leyendo algunos fragmentos del cuento.

¿Por qué la Muerte buscaba a Francisca?

¿Cómo se sentía la Muerte en ese lugar?

¿Cómo pensaba la Muerte que era Francisca?

¿En qué tuvo razón la Muerte y en qué aspecto se equivocaba?

¿Qué se puede decir acerca del carácter de Francisca?

¿Qué opina Francisca acerca de la muerte?

¿Por qué la Muerte no pudo llevársela? ¿Será solamente porque la Muerte tenía prisa, o porque Francisca andaba de un lado a otro? ¿Habrá alguna otra razón?

¿Creen que algún día la Muerte dará con ella? ¿Por qué?

LAS PALABRAS Y SU SIGNIFICADO

■ Con tus compañeros, identifica en la lectura anterior las palabras que están en negritas y búsquenlas en el "Glosario". Lean lo que significan y después vuelvan a leer las partes donde aparecen.

■ Si hay otras palabras en el texto que no entiendan, escríbanlas en el pizarrón. Relean los fragmentos donde se encuentran y entre todos traten de explicar su significado.

■ Busquen en el diccionario aquellas palabras que nadie conozca.

■ Trabajen con las siguientes expresiones:

• Todos conocen el verbo batir, por ejemplo: Rosa bate el chocolate. ¿Qué significa "...por los matorrales que bate el viento"?

• ¿Qué significan las palabras "humo" y "ahumar"? Expliquen por qué la Muerte dice que Francisca tiene los ojos "ahumados".

LAS PARTES DEL CUENTO

Estas son algunas actividades para que conozcas la estructura de los cuentos.

■ En los cuentos, los personajes se relacionan entre sí; además se dice el lugar y el tiempo en que ocurren los hechos. Lee el cuento poco a poco. En tu cuaderno escribe los nombres de los personajes que vayan mencionándose; a un lado anota el momento y el lugar en que aparecen, si es que se mencionan. Fíjate en el ejemplo:

personajes	momentos	lugares
la Muerte y un hombre	en la mañana	en una puerta

> Las narraciones tienen un principio, una parte central y un final. A estas partes se les llama planteamiento, nudo y desenlace.
>
> • **El planteamiento** es la parte donde se introduce la situación del cuento, ya sea indicando cuándo y dónde ocurren los hechos (por ejemplo: "Hace muchos años, en el pueblo de mi papá..."), presentando a algún personaje ("Galo era un niño que..."), o entrando directamente en la acción ("Después del recreo, Jorge descubrió una..."). Esta parte siempre es breve.
> • **El nudo** es la parte más importante del relato; en ella se presentan las aventuras o problemas a los que se enfrentan los personajes.
> • **El desenlace** es el final o el cierre del cuento: en esta parte se resuelven las aventuras de los personajes presentadas en el nudo de la historia.

■ Lee el primer párrafo de "Francisca y la Muerte" y subraya las expresiones que indiquen de qué trata esa parte.

• Se dice cuándo y dónde empieza el cuento. *story*
• Se habla de un personaje.
• Se indica lo que está ocurriendo.

■ En tu cuaderno escribe brevemente de qué trata el nudo del cuento y cuál es el desenlace.

25

- Busca en el índice de tu libro de *Lecturas* el cuento "El leve Pedro". Lee el texto atentamente y discute con tus compañeros lo siguiente:

¿Cuáles son los personajes del cuento?
¿Cuáles son los momentos y lugares en que se desarrolla?
¿De qué trata el planteamiento?
¿De qué trata el nudo del cuento?
¿Cuál es el desenlace de la historia?

ORTOGRAFÍA

En los relatos, el narrador va contando la historia, presenta a los personajes, describe los lugares. Otras veces los personajes hablan en los diálogos. Por ejemplo:

> (Narrador) Así pues, echó y echó a andar la Muerte por los caminos hasta llegar a casa de Francisca.
>
> (Diálogo) —Por favor, con Panchita.

- Para indicar cuándo comienza un diálogo se usa el guión largo. Cuando el narrador interviene para dar alguna explicación dentro del diálogo se introduce otro guión largo. Marca con un color este segundo guión en el siguiente diálogo:

> —Por favor, con Panchita —dijo adulona la Muerte.

- Si en un diálogo el narrador interviene y después sigue hablando el personaje, se usa un guión más para indicar que el narrador terminó. Localízalo en el siguiente diálogo:

> —Tiene suerte —dijo el caminante—, media hora lleva en casa de los Noriegas.

- En equipos cuenten algunos chistes. Escojan aquéllos que tengan diálogos y escríbanlos utilizando guiones largos.

- Las comillas tienen varios usos, uno de ellos es cuando un personaje piensa algo y no lo dice. Subraya dos ejemplos en el texto "Francisca y la Muerte".

LOS DETALLES DE LAS NARRACIONES

Al contar una historia, el narrador va agregando detalles sobre cómo ocurren los hechos, cómo son los personajes, los lugares y los objetos que van apareciendo. Así, las narraciones parecen más reales y bonitas.

■ Lee los siguientes fragmentos y subraya sólo los detalles que se piden. Observa el ejemplo:

¿Cómo es el personaje, qué características tiene?

—Abuela salió temprano —contestó una nieta <u>de oro, un poco temerosa</u>...

¿Cómo es la mañana?

...echó a andar por el camino aquella mañana en que, precisamente, había pocas nubes en el cielo y todo el azul resplandecía de luz.

¿Cómo habla la Muerte?

—Gracias —dijo la Muerte como un disparo, y apretó el paso.

¿Cómo es el camino?

...siguió su paso, metiéndose ahora por el camino apretado de romerillo y rocío.

■ Lee los fragmentos sin los detalles que subrayaste. ¿Cómo sería la historia sin ellos?

■ Aquí hay una serie de hechos y personajes que juntos podrían ser el inicio de un cuento.

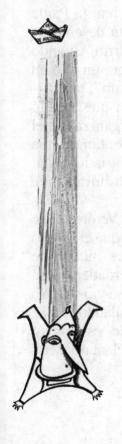

1. Un niño entra a una tienda.

2. Está oscuro y se tropieza con un hombre.

3. El hombre sale corriendo.

4. Falta algo en el estante.

5. El dueño de la tienda entra de repente.

6. Los dos se miran sorprendidos.

■ En tu cuaderno escribe y completa el cuento, agregando detalles que enriquezcan cada parte. Puedes plantearte algunas preguntas que te ayuden a imaginar la situación, por ejemplo:

Un niño entra a una tienda. ¿Es de noche o de día? ¿Por qué entró en la tienda? ¿Cómo es la tienda? ¿Conoce al dueño?

Cosas maravillosas, terribles y extraordinarias

Graciela Montes (adaptación)

Muchas veces, en los once años que tengo, me dije que lo que más quería yo en el mundo era que me pasaran cosas maravillosas, terribles y extraordinarias.

Pero, a una chica de once, más bien chaparrita, más bien flaquita y un poco dientuda, casi nunca le pasan cosas maravillosas, terribles y extraordinarias.

Esta historia empezó un lunes. A mí los lunes no me gustan y, además, ese lunes me fui para la escuela con un poco más de bronca porque mi mamá quiso, a fuerza, que me pusiera el suéter amarillo, y las cosas que a mí menos me gustan son los lunes y el amarillo.

Ese día en el recreo le había contado a Paula que Martín, el niño nuevo, me parecía muy agradable. Y ella me preguntó si me gustaba. Yo no supe qué decirle porque nunca he entendido qué quiere decir que a uno le guste alguien. Yo lo que sé es que si Martín se me acerca de sopetón, se me caen las cosas y se me mezclan las palabras.

Bueno, esto venía a cuento porque el día del suéter amarillo yo me dije: "Lo único que me falta es que se me aparezcan la *sangrona* de Verónica y Martín, los dos juntos". Y ahí fue cuando empecé a pensar que ése era un día especialmente espantoso, porque fue mucha casualidad: mi amiga Paula y yo estábamos subiendo el escalón de la puerta de entrada cuando casi nos tropezamos con Verónica y Martín. Cuando los vi "se me vino el alma al suelo" y sentí como un frío en la garganta. "Ya está, ya se pescó también a Martín", pensé.

En la tercera hora tuvimos Historia, y ahí sí que estalló todo. Hacía como una semana que veníamos organizando el acto del 15 de mayo. Entre Federico y yo inventamos una obrita de teatro que por suerte no nos salió demasiado tonta; yo estaba contenta porque iba a hacer de Gerónima, una mujer que no le tenía miedo a nadie.

En ésas estábamos cuando oí la voz chillona de Verónica que le decía a la maestra que, en una de ésas, era mejor que ella, y no Inés (que soy yo, por si no se han dado cuenta), hiciera de Gerónima, porque había conseguido un traje verdadero para disfrazarse. La maestra dijo que era una idea sen-sa-cio-nal. Yo no dije nada. Últimamente los grandes me están fallando. No se dan cuenta. Mi alma rodaba por entre las patas de los bancos. Ahí fue donde metí las manos en las bolsas del delantal y sentí algo peludo, tibio y que además, mordía...

INTERCAMBIO DE IDEAS

■ Forma un equipo y comenta con tus compañeros:

¿Cómo se llama la niña de la historia? ¿Qué problemas tiene? ¿Qué piensa de los adultos? ¿Quiénes son sus amigos?

■ ¿Cómo creen que continuaría la historia? Imaginen qué tenía Inés en la bolsa del delantal. Piensen si es posible que a una niña como ella le pasen cosas maravillosas, terribles y extraordinarias, y si resuelve sus problemas con los demás. Imaginen un desenlace y escríbanlo.

■ El fragmento que leyeron forma parte de la novela *Tengo un monstruo en el bolsillo*. Si quieren leerla completa, búsquenla en los Libros del Rincón.

> **Las novelas son narraciones extensas en las que se cuenta una serie de hechos que se van enlazando y complicando. Además, en las novelas, los personajes se presentan detalladamente, de manera que parezcan reales.**

En la biblioteca de aula y en la biblioteca escolar hay cuentos y novelas que les van a gustar mucho. En este libro les daremos algunas sugerencias, pero seguramente hay más libros en su escuela que los que podamos mencionar. ¿Qué esperan? Este es el momento de ir corriendo a la biblioteca, tomar un libro que les guste y llevárselo a la casa. ¡Alto! Una cosa más: no se preocupen si los libros son extensos, los pueden leer poco a poco; con el tiempo y la práctica, su lectura será cada vez más rápida.

EL NARRADOR: ¿TESTIGO O PROTAGONISTA?

■ En el texto "Francisca y la Muerte", el narrador es testigo de la historia. Como si estuviera viendo una película, él observa y describe lo que hace cada uno de los personajes. Localiza en la última página del cuento el párrafo donde dice: "Y salió la Muerte otra vez al camino". Imagina que la Muerte es quien cuenta la historia. Escribe en tu cuaderno el párrafo. Comenzaría así: "Y salí otra vez al camino".

■ En el texto "Cosas maravillosas, terribles y extraordinarias", la narradora es protagonista de la historia, es como si a ella misma le ocurriera. Cambia el tercer párrafo del texto de manera que la narradora esté fuera del relato. El párrafo comenzaría así: "Esta historia empezó un lunes. A ella los lunes no le gustan...".

- Observa el dibujo. ¿Quiénes son los personajes? ¿Qué hacen? Escribe dos cuentos de la misma historia. En el primero, la agente de tránsito observa y narra los hechos. En el segundo, tú serás el conductor y contarás lo que te ocurrió.

ESCRIBE UN CUENTO

Con lo que has aprendido en esta lección ya puedes escribir un cuento. ¿Te animas? Para hacerlo, toma en cuenta las siguientes recomendaciones:

- Decide qué tipo de historia quieres contar. Puede ser, por ejemplo, de policías y ladrones, de misterio o de amor.

- Escoge los personajes y piensa cuáles serán sus características físicas y su comportamiento.

- Antes de que comiences a escribir debes tener una idea de cuál va a ser el planteamiento, el nudo y el desenlace de tu historia.

- Decide los lugares y momentos en que se desarrolla.

- Cuando tengas el cuento escrito, agrega detalles para que tu narración sea más bonita. Después corrígelo con ayuda del anexo "Más ideas para revisar tus escritos".

■ Lee las siguientes oraciones y encierra en un círculo los verbos que están conjugados.

Inés dice que buscará al monstruo que la mordió.

Algo mordía el dedo de la niña.

Los niños piensan que tendrá éxito la obra que prepararon.

Ellos mismos preparaban los disfraces.

Ese día sentí una gran tristeza.

Creo que no olvidaré lo que sentía.

■ Recuerda que los verbos conjugados expresan acciones que ocurren en el pasado, el presente o el futuro. Copia el siguiente esquema en tu cuaderno, y complétalo utilizando los verbos que localizaste en las oraciones anteriores. Fíjate en el ejemplo:

PASADO   PRESENTE   FUTURO

◀━━━━━━━━━━━━━━■━━━━━━━━━━━━━━▶

mordió-mordía   dice   buscará

> **Observa que en el esquema que hiciste hay dos maneras de expresar el pasado: en pretérito, que indica acciones terminadas, por ejemplo, "mordió"; y en copretérito, que indica acciones no terminadas, o que ocurrían en el pasado, por ejemplo, "mordía" y "paseaba".**

■ Con los verbos de las primeras oraciones haz dos listas en tu cuaderno: en una escribe los verbos que están en pretérito y en la otra los que están en copretérito. Haz lo mismo con los siguientes verbos:

brinqué	mirábamos	brincaba	miramos
comías	bebían	comiste	salió
bebieron	abrían	salía	abrieron

■ Conjuga los verbos: comprar, correr y medir en copretérito, y fíjate cómo terminan, por ejemplo: yo compr<u>aba</u>, tú compr<u>abas</u>.

■ Escribe un texto donde narres lo que hacías cuando estabas más chico y subraya los verbos que estén en copretérito.

EL TEMIBLE COCODRILO

Virginia Filip/Bioimagen (fragmento)

Rodeados de misterio y leyenda, los cocodrilos están desapareciendo rápidamente de nuestro planeta. Estos reptiles, de aspecto agresivo y poderosas mandíbulas, han atemorizado y a la vez fascinado al hombre desde hace siglos.

Se sabe que estos animales han permanecido en nuestro planeta alrededor de 340 millones de años. Aparecieron junto con los grandes dinosaurios y los reptiles voladores. Actualmente sólo quedan cuatro grandes grupos de reptiles en el mundo. Uno de ellos es el que se conoce con el nombre científico de *Crocodilia*, que incluye a los diferentes tipos de cocodrilos. Dependiendo de la forma y tamaño de su cráneo, de sus escamas y de sus dientes, los reptiles *Crocodilia* se dividen en tres familias: la familia llamada *Alligatoride,* a la cual pertenecen los caimanes, la *Crocodylide*, que incluye a los cocodrilos, y la familia *Gavialidae*, cuyo único representante, el gavial, habita solamente en la India.

El cuerpo de los cocodrilos está provisto de cuatro patas cortas y palmeadas con las que pueden desplazarse en tierra firme; la cola larga y fuerte les permite nadar velozmente en el agua. Su piel está protegida por escamas y placas **óseas**.

Su cráneo es muy aplanado. Sus mandíbulas, llenas de dientes cónicos, agudos y poderosos, constituyen una auténtica trampa que sirve más para capturar animales que para masticarlos. Los ojos y orificios nasales se encuentran colocados de tal forma que apenas sobresalen del nivel de la cabeza. Por eso, cuando está dentro del agua, el animal puede respirar y observar los alrededores sin sacar la cabeza, pasando inadvertido. La garganta y los oídos pueden cerrarse a voluntad, de manera que pueden abrir sus quijadas sin que entre agua a sus pulmones.

Los cocodrilos varían en peso y tamaño; los hay desde un metro de largo y unos cuantos kilos de peso, hasta ejemplares enormes que pesan más de una tonelada y tienen casi ocho metros de longitud.

Un cocodrilo es tan astuto como para acechar a un ser humano, tan voraz como para devorar a un animal del tamaño de una vaca, y sin embargo lo suficientemente tierno y delicado como para acarrear a sus pequeños dentro del hocico hacia el agua.

Alrededor de los diez años la hembra está preparada para tener crías. La cocodrilo construye cuidadosamente el nido donde deposita sus huevos, luego lo recubre con hierbas y arena, y lo **apelmaza** con la cola.

Para alimentarse, los cocodrilos atrapan a sus víctimas con sus mandíbulas, las arrastran hacia el agua y las ahogan, manteniéndolas sumergidas. Estos animales, igual que nosotros, no pueden permanecer mucho tiempo bajo el agua, pero gracias a las características de su cabeza pueden asfixiar a su presa sin que peligre su vida.

En México existen dos especies de cocodrilos y una especie de caimán. Las tres especies habitan en lagunas costeras y ríos, desde Sinaloa y Tamaulipas, hacia el sur, hasta la península de Yucatán. Las especies mexicanas son las siguientes:

1. Cocodrilo de río *(Crocodylus acutus)*. Dependiendo de la región, las personas llaman a esta especie de distintas maneras: lagarto real, lagarto amarillo, lagarto fino, picudo, y el nombre náhuatl de *acuetzpalin*, que significa lagarto grande de agua.

2. Cocodrilo de pantano *(Crocodylus moreletti)*. También se le conoce como lagarto negro, lagarto de pantano, lagarto pardo y *acuetzpalin*.

3. Caimán *(Caiman crocodilus)*. También recibe el nombre de lagarto de cuero, lagarto pupul, lagarto chato, pupulo, y wizizil.

Tres

INTERCAMBIO DE IDEAS

■ Con tu maestro y tus compañeros responde estas preguntas:

¿Cuántos niños como ustedes se necesitarían para que juntos pesaran lo mismo que un cocodrilo de los más grandes?

¿Cuántos niños serían necesarios para que, acostados en el piso, midieran lo mismo que uno de los ejemplares más grandes?

¿Qué función cumple la forma de sus patas y de su cola?

¿Por qué las características de la cabeza del cocodrilo le ayudan a atrapar y asfixiar a sus presas?

■ Lean y comenten lo siguiente:

Los cocodrilos existen en nuestro planeta desde hace 340 millones de años. Sin embargo, en menos de 50 años, el hombre ha llegado al punto de exterminarlos, porque su piel se utiliza para elaborar artículos como bolsas, cinturones y zapatos.

Hay quienes sugieren que la explotación de estos animales en cautiverio podría evitar que más cocodrilos salvajes fueran exterminados, pero esto no se ha podido comprobar.

¿Qué se puede hacer para evitar que se extingan los cocodrilos?

¿Creen que la cría en cautiverio resolvería el problema?

LAS PALABRAS Y SU SIGNIFICADO

En el texto "El temible cocodrilo" seguramente encontrarás palabras que no comprendas. Este ejercicio te ayudará a entenderlas. Trabaja con tus compañeros.

■ Busquen las palabras difíciles del texto y subráyenlas. Lean con cuidado la parte donde se encuentran esas palabras, y vean si entre todos pueden aclarar lo que significa.

■ A veces es posible comprender el significado de las palabras relacionándolas con otras semejantes. Por ejemplo:

• Localicen en el tercer párrafo la palabra "palmeadas". Lean el párrafo completo. Observen la "palma" de su mano. Ahora, dibujen la planta llamada "palma". ¿Qué querrá decir que el cocodrilo tiene patas "cortas y palmeadas"? ¿Las vacas tendrán patas palmeadas?
Localicen la palabra "cónicos", en el cuarto párrafo. ¿Pueden dibujar la figura de un cono? ¿Qué quiere decir "dientes cónicos"?

■ Si leen el último párrafo se darán cuenta de que, según la región, a un mismo tipo de animal se le llama de distintas formas.

¿Qué pasaría si un científico dijera que está investigando a los *acuetzpalin*? ¿Y si dijera que está estudiando a los lagartos? ¿En cualquier región de México se podría saber a qué especie se refiere exactamente?

Para evitar estos líos, quienes estudian a los animales utilizan un solo nombre científico, aunque las personas en la vida diaria les llamen de muchas maneras. En algunos diccionarios y en las descripciones de animales aparecen estos nombres científicos. Observa el ejemplo.

NOMBRE COMÚN	NOMBRE CIENTÍFICO

guajolote s.m. *(Meleagris gallopavo)* Ave doméstica de la familia de las gallináceas que se caracteriza por tener la cabeza y el cuello desprovistos de plumas y recubiertos por una membrana carnosa de color rojo que le cuelga por debajo del cuello; es originaria de México y muy apreciada por su carne: *mole de guajolote.*

■ Como ocurre con muchos animales, entre los cocodrilos existen diferencias y, sin embargo, hay algunos que se parecen entre sí. Tomando en cuenta sus semejanzas y sus diferencias, se hizo una clasificación y a cada miembro le pusieron un nombre científico en latín, una lengua que ya no se habla.

• Busquen esos nombres en el segundo párrafo del texto y subráyenlos. Luego copien el siguiente esquema en su cuaderno.

CROCODILIA

ALLIGATORIDE
(caimanes)

- Lean el segundo párrafo de nuevo y completen el esquema con las otras dos familias de cocodrilos.
- Dentro de cada familia hay diferentes especies. Lean el segundo y el último párrafos de la lectura. ¿A qué familias pertenecen las especies de cocodrilos mexicanos?
- En el último párrafo encontrarán los nombres científicos de las especies mexicanas; agréguenlos a su esquema.

LAS PARTES DEL TEXTO

El texto que leíste habla de las características del cocodrilo, un animal antiquísimo que apareció en la época de los dinosaurios. Realiza las siguientes actividades para que descubras cómo está organizada la información. Recuerda que puedes leer el texto tantas veces como lo necesites.

■ Numera los párrafos del texto "El temible cocodrilo". Aquí tienes algunos subtítulos que retoman el tema principal de cada parte del texto:

La historia y los tipos de cocodrilos   _____

Sus características físicas   _____

Su comportamiento   _____

Los cocodrilos mexicanos   _____

■ Escribe en las líneas de arriba los números de los párrafos que puedan incluirse en cada subtítulo. Después copia los subtítulos dentro del texto, en el lugar que corresponda.

■ Observa el esquema de los dos primeros párrafos del texto.

TEMA: La historia y los tipos de cocodrilos.

$\left\{\begin{array}{l}\text{–Su aparición en el planeta.}\\\text{–Clasificación.}\end{array}\right.$

SUBTEMA:

El tema "La historia y los tipos de cocodrilos" incluye dos subtemas. Identifícalos en el texto.

En un esquema se organizan las partes de un escrito, el orden en que aparecen los temas y la importancia de cada uno.

■ En tu cuaderno, elabora un esquema donde indiques los distintos subtemas que se tratan en cada tema. Para hacerlo, ayúdate con los subtítulos y las siguientes palabras. ¡Pero ten cuidado! Estas palabras están en desorden y a ti te toca ordenarlas.

– Su carácter.   – Su peso y tamaño.   – Su cuerpo.
– Cocodrilo de río.   – Caimán.   – Construcción
– Alimentación.   – Dónde habitan.   del nido.

INVESTIGACIÓN

En equipos van a redactar un texto donde describan las características físicas y formas de vida de algún animal doméstico o salvaje. Antes de escribir, lean los pasos que deben seguir:

■ Para preparar la investigación, hagan varias listas con los siguientes puntos:

• Lo que ustedes ya saben acerca del tema.
• Las dudas que les gustaría poner en claro al final de su investigación.

Lo que sabemos acerca de los leones:	Dudas que tenemos sobre los leones:
—Tienen pelaje amarillo. —Son feroces. —Atacan al hombre.	—¿Cuántas crías tienen por camada? —¿Cuántos años viven?

• Los libros que tendrían que consultar y dónde podrían encontrarlos.
• Si prefieren hacer una entrevista, piensen a qué persona van a visitar y redacten las preguntas que le harán.

■ Exploren las fuentes de información escrita que encontraron. Recuerden que los libros están organizados de diferentes maneras:

• Algunos presentan los temas en orden alfabético. Por ejemplo, la información sobre los leones puede estar ubicada en la letra *L*.
• Otros reúnen la información en grandes temas; es decir, los datos acerca de los leones pueden estar ubicados en "Felinos" o en "Mamíferos de África".

¿POR QUÉ
SERÁ YACARÉ?

❦

Lenny Werneck

SALAMANDRA
SEP

PELOS
Y PLUMAS

❦

*Annette Tison
y Talus Taylor*

MONDADORI
SEP

GRANDES
Y PEQUEÑOS

❦

*Annette Tison
y Talus Taylor*

MONDADORI
SEP

■ Busquen los índices de cada libro y lean los títulos y los subtítulos. Identifiquen cómo está organizada la información y decidan qué lecturas les pueden servir.

■ Consulten la información que consiguieron. Conforme vayan leyendo, escriban algunas notas muy breves sobre lo que sería importante recordar. Por ejemplo:

> • *Los leones no construyen un lugar donde vivir.*
> • *Cazan de noche cebras, hipopótamos, antílopes…*
> • *Duermen en los matorrales durante el día.*
> • *No atacan al hombre, a menos que se les provoque.*

■ Revisen las listas que elaboraron al principio de su investigación y compárenlas con sus notas. ¿Aprendieron cosas nuevas? ¿Pudieron resolver sus dudas? ¿Encontraron información que les hiciera cambiar de opinión sobre lo que ya sabían?

■ Organicen la información en temas y subtemas, y elaboren un esquema. Aquí tienen un ejemplo, pero tomen en cuenta que la manera de ordenar los datos depende de la información que tengan y del tipo de animal que hayan elegido.

1. A qué tipo de animal pertenece.

2. Lugar donde habita.

3. Cómo es su cuerpo:
tamaño y peso
el tronco y la cabeza
tiempo de vida

4. Sus costumbres:
alimentación
cómo caza
cuidado de sus crías
carácter

5. Otros comentarios.

■ Redacten la descripción, siguiendo el esquema de temas y subtemas que elaboraron.

■ Corrijan su texto y consulten al final del libro el anexo "Más ideas para revisar tus escritos".

■ Hagan una exposición frente al grupo. Digan por qué eligieron ese tema, qué libros consultaron, cómo hicieron para localizar la información, qué problemas tuvieron y cómo los resolvieron. Expliquen cuál fue el esquema que siguieron para redactar su texto. Por último lean su trabajo en voz alta.

Algo más sobre los reptiles

Ceferino Uribe (adaptación)

Reptil viene de la palabra *reptilis*, que se refiere a la manera como estos animales se desplazan, y significa que se arrastran por el suelo. Muchas personas piensan que la clase de los reptiles se compone únicamente por serpientes. Sin embargo, no todos los reptiles se desplazan así; las tortugas, las lagartijas y los cocodrilos, que también son reptiles, se trasladan con sus patas. Lo que en realidad los caracteriza es que tienen escamas, son de sangre fría y respiran por medio de pulmones.

Los reptiles aparecieron en nuestro planeta hace unos 340 millones de años, muchísimo tiempo antes de que apareciera el hombre. Eran tantos y habían poblado de tal manera la Tierra, que toda una **era** de la historia es conocida como la Era de los Reptiles. Los reptiles habitaban gran parte de la superficie terrestre: los pantanos, los valles, los bosques, los desiertos, las aguas y hasta el cielo. Sí, algunos, con cuerpos aerodinámicos, volaban como pájaros. Casi, casi, eran los dueños de la Tierra.

Los reptiles nacen de huevos. El huevo se desarrolla después de que la hembra ha sido fecundada por el macho. Allí dentro crece la cría del reptil. El huevo es un almacén de alimentos y está protegido por una membrana o por una cáscara. Durante el verano, en el campo, se pueden encontrar huevos de serpientes en diversos sitios.

Los reptiles pueden ser ovíparos u ovovivíparos. Los ovíparos incuban sus huevos en nidos: bajo las piedras, entre ramas y hojas, en lugares seguros. Los ovovivíparos conservan los huevos dentro del cuerpo hasta que las crías se han formado completamente.

El reptil sale del huevo haciendo un agujero en la cáscara o en la membrana. Y asómbrate: las lagartijas y serpientes tienen un diente sobre la nariz con el que rompen el huevo. Horas más tarde pierden el diente, que ya ha cumplido su función. Las tortugas tienen un engrosamiento en el pico que les sirve para romper el huevo.

■ En el texto "Algo más sobre los reptiles" localiza el párrafo o los párrafos que corresponden a los siguientes subtítulos. Escríbelos en el lugar correcto.

Su nombre y sus características.
La era de los reptiles.
Cómo se reproducen.

■ Comenta lo siguiente con tus compañeros:

• ¿El significado de la palabra *reptilis* agrupa a todos los tipos de reptiles? ¿Por qué?
• "Aero–" significa "en el aire"; "dinámico" quiere decir "adecuado al movimiento". ¿Qué te imaginas que quiere decir "cuerpo aerodinámico"?
• Encuentra en el texto el significado de las palabras ovíparo y ovovivíparo. Investiga en el diccionario el significado de la palabra vivíparo. ¿Qué tipo de animal es el conejo?

**ESCRIBE
RESÚMENES**

En este ejercicio vas a elaborar un resumen. Trabaja con tu maestro y tus compañeros.

> **Resumir es expresar en forma breve lo más importante de un texto. Para ello, primero es necesario entender toda la información, y luego localizar las ideas principales.**

■ Aquí tienen el primer párrafo del texto "Algo más sobre los reptiles". Las partes que están en letras **itálicas** son las ideas principales. Léelas y observa que aunque se quiten las otras partes, se puede comprender el texto.

> *Reptil viene de la palabra reptilis*, que se refiere a la manera en que estos animales se desplazan y *significa que se arrastran por el suelo*. Muchas personas piensan que la clase de los reptiles se compone únicamente por serpientes. *Sin embargo, no todos los reptiles se desplazan así*; animales como las tortugas, las lagartijas y los cocodrilos, que también son reptiles, se trasladan con las patas. *Lo que en realidad los caracteriza es que tienen escamas, son de sangre fría y respiran por medio de pulmones.*

■ Completen en el pizarrón el siguiente cuadro con las ideas principales y las ideas secundarias del párrafo anterior.

IDEAS PRINCIPALES (Ideas más importantes de cada parte de texto)	IDEAS SECUNDARIAS (Agregan información a la idea principal o dan ejemplos)
reptil viene de la palabra *reptilis*	que se refiere a la manera en que estos animales se desplazan
significa que se arrastran por el suelo	muchas personas piensan que la clasé de los reptiles se compone únicamente por serpientes

■ Discutan cuáles ideas secundarias son un ejemplo y cuáles agregan información a la idea principal.

■ Lean uno por uno los otros párrafos del texto y digan cuáles son las ideas principales. Expliquen cuáles son las ideas secundarias y por qué. Completen el cuadro en el pizarrón.

■ Dentro de las ideas principales a veces es posible quitar palabras que son innecesarias. Ejemplo:

Lo que en realidad los caracteriza es que tienen escamas...

Revisen si es posible hacerlo en algunas de las ideas principales que localizaron.

■ En este caso, para redactar el resumen, es suficiente copiar las ideas principales que identificaron. Pero a veces es necesario mejorar la forma como está escrito el texto para hacerlo más claro. Por ejemplo:

TEXTO SIN CORREGIR

Reptil viene de la palabra reptilis significa que se arrastran por el suelo.

TEXTO CORREGIDO

Reptil viene de la palabra reptilis, y significa que estos animales se arrastran por el suelo.

A lo largo de este libro encontrarás otras maneras de hacer un resumen. Tómalas en cuenta cada vez que tengas que hacer uno.

¿Cómo es posible que la tortuga y la serpiente pertenezcan a la misma clase de animales? ¿Qué tienen en común? Ahora lo verás:

■ Marca con una cruz las características que tiene cada reptil. Fíjate en el ejemplo del cocodrilo.

REPTIL	CARACTERÍSTICAS					
	Tiene escamas	Tiene pulmones	Nace del huevo	Tiene patas	Tiene dientes	Tiene caparazón
Cocodrilo	X	X	X	X	X	
Tortuga						
Serpiente						

■ Hay un conjunto de características que hace que todos estos animales pertenezcan a la misma clase. ¿Cuáles son? ¿Cuáles son las diferencias entre unos y otros?

■ Ahora te toca a ti elaborar un cuadro de características.

• Escoge un tipo de animales que tengan características comunes y particularidades que los hagan diferentes. Por ejemplo, aves de corral: gallina, pato y guajolote.
• Escribe los nombres de los animales en forma de lista.
• Piensa cuáles son sus semejanzas y sus diferencias y escríbelas en forma horizontal, como en el cuadro de arriba.
• Cuida que los animales tengan algunas características similares y otras diferentes, para que un compañero tuyo resuelva el cuadro.

> Un **campo semántico** está formado por el conjunto de palabras que, por su significado, tienen algo en común. Además, cada palabra tiene características únicas que la distingue de las demás.

ORTOGRAFÍA

■ Completa las oraciones utilizando los siguientes verbos:

trabajar   proteger   exagerar   cojear   dirigir

Cuando se _____ hacia su presa, el cocodrilo lo hace silenciosamente.

Al desplazarse sobre la tierra, los cocodrilos parece que _____ .

La hembra del cocodrilo _____ durante horas para construir un nido. Después lo _____ de los intrusos.

Los científicos no _____ cuando afirman que los cocodrilos y otros animales están a punto de desaparecer.

Por eso hay personas que _____ para _____ a las especies en extinción.

■ Observa los verbos que utilizaste y completa lo siguiente:

Las letras *g* y *j* seguidas de las vocales *e* o *i* representan el mismo sonido y por eso, a veces, hay duda sobre cuál de las dos letras usar. En el caso de los verbos, hay algunas reglas que nos pueden ayudar a recordar qué letra se debe utilizar.

Se escriben con *j* los verbos terminados en _____*jar*_____

y _____ y sus conjugaciones. Por ejemplo: _____

y _____ . Se escriben con *g* los verbos terminados en

_____ , _____ y _____ y sus conjugacio-

nes. Por ejemplo: _____ y _____ .

■ Revisa los verbos que utilizaste para completar las oraciones, y fíjate si usaste bien la *g* y la *j*; corrígelos si es necesario.

■ Busca otros verbos que tengan esas terminaciones y escribe una oración con cada uno.

EL PRIMER TRASPLANTE

E1 jueves 21 de julio de 1988 se realizó el primer trasplante de corazón en México. A continuación encontrarás algunas noticias que se publicaron en distintos periódicos de la Ciudad de México durante los días siguientes a la operación.

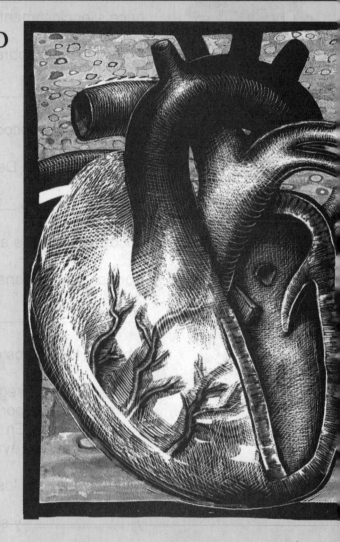

A

Especialistas del Centro Médico Nacional, Unidad La Raza, llevaron a cabo anoche con éxito el primer trasplante de corazón que se realiza en el país y el primero en América Latina con ese resultado, informó el Instituto Mexicano del Seguro Social (IMSS). De acuerdo con informaciones del médico que encabezó el grupo de especialistas que efectuaron la operación, Rubén Argüero Sánchez, el paciente que recibió el músculo cardiaco, Fernando Tafoya, de 45 años de edad, estaba afectado severamente y condenado a morir en un plazo no mayor de cuatro meses.

La operación se inició a las 18 horas de ayer jueves y fue hasta las 22 horas cuando el corazón trasplantado comenzó a latir en el cuerpo del receptor. Al término de la misma, Argüero Sánchez manifestó estar satisfecho con los resultados inmediatos de la intervención y dijo estar optimista con la evolución del paciente.

DE CORAZÓN EN MÉXICO

"Nunca le tuve miedo a la muerte, más amor le tuve a la vida", manifestó minutos después de abandonar el hospital, José Fernando Tafoya Chávez, a quien médicos del IMSS le trasplantaron con éxito el corazón de una joven de 21 años.

Al salir del hospital, Fernando Tafoya fue recibido por sus familiares, los médicos que encabezaron el grupo de trabajo y reporteros de los distintos medios de información. Fue **dado de alta** 26 días después de que se le practicó el trasplante de corazón, el primero con éxito en el país.

La evolución de José Fernando Tafoya Chávez, al cumplir cuatro días de haber recibido un nuevo corazón, es satisfactoria. Ayer se pudo sentar en un sillón y platicar con el personal médico que lo atiende.

Su **frecuencia cardiaca** continúa siendo normal; su fluido sanguíneo no presenta cambios, se encuentra estable. Mostró una notable mejoría de las funciones del aparato respiratorio y se continúa con el tratamiento para el manejo de las **secreciones**. De seguir así, muy pronto será dado de alta.

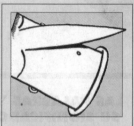

Ninguna reacción negativa se ha presentado en el organismo del señor José Fernando Tafoya Chávez, quien ya abandonó la Unidad de Cuidados Intensivos del Hospital de Especialidades del Centro Médico La Raza, del Instituto Mexicano del Seguro Social (IMSS), y ya dio sus primeros pasos, lo cual constituyó todo un acontecimiento porque su recuperación evoluciona satisfactoriamente. Lo anterior fue informado por el doctor Rubén Argüero Sánchez, director del Hospital General, enfatizando que los signos vitales de Tafoya Chávez son normales y no se ha presentado ningún síntoma de fiebre.

El hombre a quien el jueves pasado se le hizo un trasplante de corazón, en la primera **cirugía** de este tipo practicada en México, evoluciona de manera favorable. Según el último reporte, ya le fue retirado el oxígeno y a unas cuantas horas de la operación, su estado es de autosuficiencia.

José Fernando Tafoya Chávez, de 45 años de edad, platicó con los doctores que lo intervinieron. Si su recuperación continúa como hasta el momento, en unas tres semanas dejará el hospital y en un par de meses podrá llevar una vida normal.

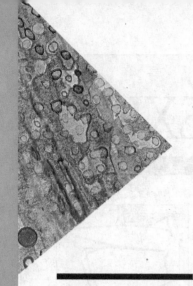

Cuatro

■ Lee los siguientes fragmentos de las noticias. A partir de lo que dicen, elige el significado que corresponda a la palabra en itálicas y subráyalo. Si es necesario, lee la noticia completa.

La *evolución* de José Fernando Tafoya Chávez, al cumplir cuatro días de haber recibido un nuevo corazón, es satisfactoria. (Noticia C)

• Cambio en la conducta o en el pensamiento de alguien.
• Cambio gradual del estado de alguien en el sentido deseado.
• Movimiento de una cosa que va de un lado a otro describiendo líneas curvas.

Su frecuencia cardiaca continúa siendo normal; su *fluido* sanguíneo no presenta cambios, se encuentra estable. (Noticia C)

• Pensamiento o expresión que sale de manera fácil y natural.
• Electricidad, fluido eléctrico.
• Elemento o sustancia en estado líquido.

…fue hasta las 22 horas cuando el corazón trasplantado comenzó a latir en el cuerpo del *receptor*. (Noticia A)

• Se aplica a la persona que recibe algo.
• Aparato que recibe señales eléctricas.
• Motor que recibe energía de un generador colocado a distancia.

Al término de la misma, Argüero Sánchez manifestó estar satisfecho con los resultados inmediatos de la *intervención* y dijo estar optimista con la evolución del paciente. (Noticia A)

- Participación en un asunto.
- Mediación en el arreglo de un trato.
- Operación quirúrgica.

INTERPRETACIONES DEL TEXTO

■ Vuelve a leer las noticias de las páginas anteriores y busca la información que te permita saber cuál de los siguientes títulos es el más adecuado para cada una. Escribe en las líneas la letra de la noticia correspondiente.

Ya dio los primeros pasos Tafoya Chávez _____

Se realizó ayer con éxito el primer
trasplante de corazón en México _____

Abandonó el hospital el hombre al que
se le trasplantó un corazón _____

Satisfactorio estado del hombre al que
se le implantó corazón _____

Ya se sienta y platica el del corazón ajeno _____

■ Compara tus respuestas con las de tus compañeros y explica qué información te permitió asignar el título a cada noticia.

■ Las fechas siguientes pertenecen a los días en que fueron publicadas las noticias. Escribe en la línea la letra de la noticia que le corresponda.

Viernes 22 de julio de 1988 _____

Sábado 23 de julio de 1988 _____

Martes 26 de julio de 1988 _____

Jueves 28 de julio de 1988 _____

Miércoles 17 de agosto de 1988 _____

■ Compara tus respuestas con las de algunos de tus compañeros y comenta con ellos qué datos les permitieron saber a qué fecha corresponde cada noticia.

> **Cuando un acontecimiento es importante, los medios de información masiva (periódico, radio y televisión) lo dan a conocer en forma de noticia.**
> **Si el acontecimiento o sus consecuencias duran varios días, se le da seguimiento y se elaboran tantas noticias como días dure el suceso.**

EL TEXTO PERIODÍSTICO

Las noticias deben dar respuestas a las preguntas: ¿Qué pasó? ¿Dónde pasó? ¿Cuándo pasó? ¿Cómo pasó? ¿Quién o quiénes están involucrados?

■ Lee la noticia A y fíjate en la información que da respuesta a estas preguntas:

¿Qué pasó?
Se hizo el primer trasplante de corazón en México.

¿Dónde pasó?
En el Centro Médico Nacional, Unidad La Raza.

¿Cuándo pasó?
El 21 de julio de 1988.

¿Cómo pasó?
En una operación que duró cuatro horas.

¿Quién o quiénes están involucrados?
El paciente y un grupo de médicos encabezado por el doctor Argüero.

■ Escribe en tu cuaderno la información que dé respuesta a las preguntas qué, dónde, cuándo, cómo, quién o quiénes en las otras cuatro noticias.

■ Lee el texto "El diario a diario" de Julio Cortázar que se encuentra en tu libro de *Lecturas*. Toma en cuenta que al periódico también se le llama diario.

INVESTIGACIÓN

Ahora, junto con tus compañeros vas a hacer el seguimiento de noticias sobre un mismo acontecimiento. Luego, presentarán ante el grupo el resultado de ese seguimiento.

■ Formen un equipo y comenten sobre noticias que hayan aparecido durante varios días en el periódico. Algunos acontecimientos que se abordan con frecuencia en los medios de información son:

La visita de un personaje a la ciudad o al país.
Los conflictos armados.
Las campañas electorales y las elecciones.
Los desastres naturales.
Los viajes del presidente a otros países.
Los torneos deportivos.

■ Discutan la manera de conseguir y consultar periódicos de distintas fechas. Tomen en cuenta estas sugerencias:

• Consulten los periódicos viejos que haya en sus casas o en la de algún familiar o amigo.
• Acudan a la hemeroteca o biblioteca pública a consultar los periódicos que ahí tengan.
• Compren los diarios de tres o cuatro días seguidos.
• Si en el lugar donde viven no llega el periódico, pidan a su maestro que se los consiga.

■ Traigan los periódicos al salón y revísenlos con atención. Localicen las noticias que les interesan y encuentren respuestas a las preguntas qué, dónde, cuándo y cómo pasó, y quién o quiénes participaron.

■ Tomen nota sobre los siguientes aspectos:

¿Cuántas noticias aparecieron y durante cuántos días?
¿Todos los días las colocaron en el mismo lugar (primera plana o interiores)?
¿Cuánto espacio les dedicaron (número de columnas o líneas)?
¿Publicaron fotografías junto a las noticias?
¿Cuáles fueron los títulos o encabezados?
¿Qué cambios se fueron produciendo en las noticias?
¿Cuáles serían las razones por las que se dejó de informar?
¿Finalizó el acontecimiento? ¿Se perdió el interés?

■ Organicen la información y preséntenla al grupo. Revisen el anexo "Más ideas para preparar temas".

49

■ Lee las siguientes oraciones. Subraya la palabra que cambia en cada una.

José trajo la marimba **de** Andrés

José trajo la marimba **con** Andrés

¿Qué palabra permite saber que la marimba pertenece a Andrés?
¿Cuál indica que José trajo la marimba en compañía de Andrés?

> **Las palabras que subrayaste son preposiciones. En la primera oración la preposición de señala pertenencia. En la segunda, la preposición con indica en compañía de alguien.**

■ Una misma preposición puede tener distintos significados. En la columna de la izquierda encontrarás algunos de ellos. Une con una línea los ejemplos de la columna del lado derecho con el significado correspondiente del lado izquierdo.

Preposición *de*

Propietario de una cosa.	Un pantalón *de* cuero.
Material con que está hecho.	Pozole *de* Guerrero.
Contenido de un recipiente.	El suéter *de* Óscar.
Lugar de donde proviene algo.	Una cubeta *de* agua.

Preposición *con*

Causa de algo.	Se voló *con* el aire.
Uso de un instrumento.	Un morral *con* libros.
Modo de hacer algo.	Vino *con* su novia.
En compañía de alguien.	Lo cortó *con* cuchillo.
Cosa que contiene a otra.	Abrió su regalo *con* cuidado.

Trasplantes y donación

Entre las seis de la tarde y las diez de la noche del 21 de julio de 1988, el doctor Rubén Argüero, encabezando un grupo de médicos especialistas, realizó el primer trasplante de corazón que se hacía en México. Esa noche un señor de 45 años recibió el corazón de una mujer que había perdido la vida horas antes.

Cinco años y medio después de ese trasplante entrevistamos al doctor Argüero, quien nos recibió con enorme entusiasmo al saber que sus respuestas irían dirigidas a los niños de México. La entrevista se llevó a cabo en su oficina en la Dirección General del Hospital de Cardiología del Centro Médico Nacional Siglo XXI. Estas son sus respuestas.

Entrevistador: *Doctor, ¿qué es un trasplante?*

Doctor Argüero: Desde el punto de vista médico, un trasplante es la sustitución de un órgano o tejido dañado por uno sano.

E: *Usted, junto con su equipo, hizo el primer trasplante de corazón en México hace ya más de cinco años. ¿Cuándo se realizó el primer trasplante de corazón en el mundo?*

Dr.: Fue en 1967. El mes de diciembre de ese año el doctor Christian Barnard, en Sudáfrica, logró el primer trasplante de corazón.

E: *¿Cuáles son las dificultades más serias al realizar un trasplante de corazón?*

Dr.: Son dos los problemas más grandes que hay que enfrentar en los trasplantes, no sólo del corazón sino de cualquier otro órgano. Uno es de carácter médico y el otro de carácter cultural.

E: *¿En qué consiste el primero?*

Dr.: Cuando un organismo identifica la presencia de un intruso, tiende a rechazarlo. Todo órgano trasplantado es un intruso. Este rechazo es responsabilidad del sistema inmunológico, que está formado por las defensas que nos cuidan de infecciones. Una manera de que el organismo no rechace el órgano trasplantado es disminuir su capacidad de defensa. Así, la ciencia médica ha tenido que luchar para encontrar la manera de bajar las defensas del organismo sin arriesgarlo a infecciones severas.

E: *Y el segundo, el de carácter cultural, ¿en qué consiste?*

Dr.: En la falta de donadores de órganos. Todos los órganos trasplantados deben ser obtenidos únicamente por donación.

E: *¿Entonces, hay pocos donadores?*

Dr.: Muy pocos. Muchísimos menos de los que se necesitan.

E: *¿Y qué se necesita para ser donador?*

Dr.: Independientemente de cubrir ciertos requisitos médicos, lo que se necesita es mucho amor y poco egoísmo; deseos enormes de ayudar desinteresadamente a otros, donando un órgano cuando eso es posible. Esto es muy importante. La falta de donadores es un problema serio que debe ser resuelto culturalmente.

E: *Además del corazón, ¿qué otros órganos se pueden trasplantar?*

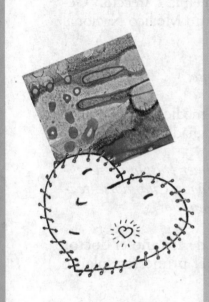

Dr.: Varios. La córnea, el hígado, el riñón, el pulmón, el páncreas, fragmentos de intestino delgado, huesos, médula ósea, piel, sangre…

E: *¿La sangre también?*

Dr.: Sí. La sangre es un tejido, un tejido hemático. Toda transfusión de sangre es un trasplante, un trasplante de tejido.

E: *¿Es caro hacer un trasplante de corazón?*

Dr.: No. Cuesta más o menos lo mismo que una operación del corazón. Pero es importante mencionar que resulta mucho más caro no hacer trasplantes que hacerlos.

E: *¿Cómo está eso?*

Dr.: En general, es mucho más caro mantener funcionando un órgano dañado que sustituirlo. Los gastos de cuidado y atención que requiere el enfermo de un órgano que puede ser sustituido son mucho más altos que los gastos del trasplante mismo.

Así, la entrevista con el doctor Argüero nos ofreció la oportunidad de conocer algunos aspectos que desconocíamos sobre los trasplantes y la donación de órganos y tejidos humanos.

La entrevista es una conversación en la que una persona le hace a otra una serie de preguntas sobre un tema determinado. En la entrevista puede haber dos tipos de preguntas: las que el entrevistador hace a partir de un guión previamente elaborado, y aquéllas que se hacen en función de una respuesta del entrevistado.

■ Observa el siguiente fragmento de la entrevista al doctor Argüero:

E: *¿Es caro hacer un trasplante de corazón?*

Dr.: No. Cuesta más o menos lo mismo que una operación del corazón. Pero es importante mencionar que resulta mucho más caro no hacer trasplantes que hacerlos.

E: *¿Cómo está eso?*

R: En general, es mucho más caro mantener funcionando un órgano dañado que sustituirlo.

El entrevistador llevaba preparada la primera pregunta en su guión; la segunda la hizo a partir de la respuesta del doctor.

■ En la entrevista hay más preguntas que se hicieron tomando como base las respuestas del médico. Localiza cuatro y cópialas en las líneas.

_____

_____

_____

_____

COSAS CURIOSAS DE AQUÍ Y DE ALLÁ

Tomos I y II

ICSA-SEP

MI CUERPO

Esther Jacob

SEP-SALVAT

EL ADMIRABLE CASO DEL MÉDICO CURIOSO

Ángel Leyva

CNCA-PANGEA

Las entrevistas están formadas por tres partes. Introducción: donde el entrevistador explica quién es la persona entrevistada, la razón de la entrevista y el tema que se aborda. **Cuerpo:** que es el conjunto de preguntas y respuestas. **Cierre:** donde el entrevistador hace un breve comentario sobre la entrevista.

■ Revisa la entrevista y localiza cada una de las partes.

INTERCAMBIO DE IDEAS

■ Reúnanse en equipos para comentar las ideas y dudas que tengan sobre los trasplantes y la donación de órganos.

■ Empiecen por contestar las preguntas que aquí se sugieren. Ustedes agreguen otras.

¿Qué información ya conocían?
¿Qué más les gustaría saber acerca de los trasplantes?
¿Conocen a alguien que haya donado un órgano en vida?
¿Sabían que hay campañas de donación de órganos?
¿Cuáles serán las ventajas de esas campañas?
¿Alguno de ustedes donaría un órgano? ¿Por qué?

■ Escriban sus conclusiones sobre el tema.

HAGAN UNA ENTREVISTA

Las entrevistas son una fuente de información cuando se quiere saber sobre algún tema.

■ Formen varios equipos y preparen una entrevista con alguien que se dedique a una profesión u oficio que les interese conocer. Usen las respuestas para escribir un informe sobre las características de esa actividad. Sigan estas recomendaciones:

• Escojan la profesión u oficio.
• Elijan a la persona adecuada.
• Hagan una lista de lo que les gustaría saber sobre el tema que escogieron.
• Elaboren un guión de entrevista, es decir, una lista de las preguntas que van a hacer. ¡Anímense a preguntar todo lo que quieran!

■ Para hacer la entrevista guíense por sus preguntas. No siempre se sigue el orden en que las escribieron. Algunas veces el entrevistador da información que pensaban pedirle más adelante. Otras veces las respuestas invitan a hacer preguntas que no tenían pensadas en el guión.

■ En el momento de la entrevista es necesario anotar lo más importante de las respuestas para después escribir el informe. Sigan estas sugerencias:

• Para cada una de las respuestas que dé el entrevistado escriban palabras clave que les ayuden a recordarlas.

• Supongamos que una respuesta sea: "La enfermería es una profesión relacionada con la medicina. Nosotras las enfermeras tenemos la obligación de auxiliar al médico para atender al paciente".

Las palabras o expresiones clave pueden sacarse respondiendo a estas preguntas:

¿Qué es? Una profesión.
¿Qué hace? Ayudar al médico.
¿Para qué? Atender al paciente.

• Inmediatamente después de la entrevista anoten la mayor cantidad de detalles que se relacionen con cada una de las palabras clave. Revisen y comparen sus apuntes.

■ Organicen sus notas siguiendo el esquema de temas y subtemas de la lección anterior y redacten su informe. Para esta actividad, revisen con mucho cuidado los anexos "Más ideas para redactar" y "Más ideas para revisar tus escritos".

ORTOGRAFÍA

■ Lee este fragmento. Subraya con rojo lo que dijo el señor Tafoya y con azul lo que explicó el periodista.

"Nunca le tuve miedo a la muerte, más amor le tuve a la vida", manifestó minutos después de abandonar el hospital, José Fernando Tafoya Chávez.

■ Cuando en un texto se quiere citar lo que dijo alguien con sus propias palabras, se pone entre comillas. Identifica las comillas en el texto y enciérralas.

■ Coloca las comillas en los lugares correspondientes.

Al ser interrogado acerca de cuándo saldría el señor Tafoya del hospital, el doctor Argüero aseguró: en unos treinta días, más o menos, será dado de alta.

Durante una entrevista, el paciente expresó: volví a nacer.

LOS MAPAS*

Imagina que te has perdido en la selva o en medio del bosque. ¿Qué necesitarías para salir de ese problema? Con la ayuda de un mapa y de una brújula podrías hacerlo. Si no tuvieras una brújula, pero sí un mapa, podrías orientarte conociendo la posición del Sol o de las estrellas. Sin embargo, si te falta el mapa, sería muy difícil decidir hacia dónde tienes que dirigirte.

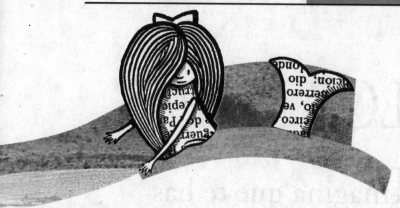

A la humanidad le ha tomado muchísimos años representar la superficie de la Tierra. A medida que se han explorado nuevos territorios, se han ido dibujando de diferentes maneras. Cuando ha sido necesario indicar un lago, el contorno de una costa, o cuando se ha querido señalar algún lugar importante, se han trazado croquis, planos o mapas.

A lo largo de la historia se han elaborado muchos mapas. Al principio, se hicieron en tabletas de barro cocido, en pergaminos o sobre planchas de metal. Hubo algunos bellísimos, decorados por verdaderos artistas, pero realizados con más imaginación que realidad. En muchos mapas se observaban los nombres de países fantásticos habitados por seres **quiméricos**. Los cartógrafos que los dibujaban estaban influidos por relatos fantásticos y leyendas. Muchos de ellos señalaban la situación geográfica de la Atlántida, fabuloso continente que se creía sepultado en el océano.

Los mejores mapas fueron los que representaban las costas. Antes de conocer la brújula, los navegantes casi no se aventuraron a perder de vista la tierra por temor a extraviarse en el mar. Se guiaban por el Sol y las estrellas, pero como los instrumentos de observación que tenían eran deficientes y no permitían calcular las distancias con exactitud, los mapas no podían ser precisos. Con el uso de la brújula se abrió una nueva era en la exploración de los mares y se hizo posible la navegación **trasatlántica**.

Así, se conocieron nuevos territorios y fue posible elaborar mapas que representaban mayores extensiones del planeta.

El gran problema de la cartografía antigua

Cuando se demostró que la Tierra era redonda, los cartógrafos se enfrentaron a un gran problema: ¿cómo representar la redondez del planeta en una hoja de papel?

Para comprender mejor este conflicto, imagínate lo siguiente: si tomas una hoja de papel y tratas de cubrir la superficie de una pelota, verás que es imposible hacerlo sin arrugar el papel. Algo parecido sucede con los mapas: es difícil representar la Tierra sin deformaciones en una superficie plana.

Una manera de evitar que las imperfecciones en los mapas sean muy grandes es dibujar regiones pequeñas. Mientras más pequeñas sean esas regiones, menores serán las desproporciones. Cuando la superficie que se representa es muy pequeña y ya no se trata de un continente, de un país o de un estado, sino de una ciudad o partes de ella, lo que se dibuja no es un mapa, sino un plano.

Cómo se hacen los mapas y los planos en la actualidad

En la elaboración de mapas nos hallamos en una nueva era. El avión ha sido una ayuda extraordinaria en esta tarea.

Antes era necesario que un gran equipo de técnicos trabajara durante meses, internándose en bosques y pantanos, con pesados instrumentos para obtener detalles **topográficos**. En la actualidad, un avión puede tomar en dos horas fotografías de toda una región, que sirven para elaborar mapas muy precisos.

Los mapas y los planos son útiles para ubicarse, conocer un país y entender el mundo en el que vivimos; también son de gran ayuda cuando alguien viaja o quiere orientarse en una ciudad desconocida.

* Texto elaborado a partir de las lecturas indicadas en la bibliografía.

Cinco

INTERCAMBIO DE IDEAS

■ Platica con tus compañeros lo siguiente:

¿Por qué se dice que los antiguos cartógrafos hicieron los mapas "con más imaginación que realidad"?
¿Qué fue lo que animó a los navegantes a explorar mares desconocidos?
¿Cuántos tipos de mapas conoces?
¿Has utilizado alguno? ¿Para qué?

INTERPRETACIÓN DE UN PLANO

En la actualidad, elaborar un plano o un mapa es un trabajo que puede hacerse con mucha exactitud. La fotografía aérea ha prestado una gran ayuda. Muchos de los planos que tú conoces han sido elaborados con esta técnica. El plano de la ciudad de Querétaro, con el que vas a trabajar más adelante, es un ejemplo.

■ Observa los siguientes cuadros. En los dos primeros hay fotografías del mismo lugar, pero tomadas desde puntos diferentes. La primera es una vista oblicua y la segunda es una vista vertical. El dibujo es un plano del mismo sitio.

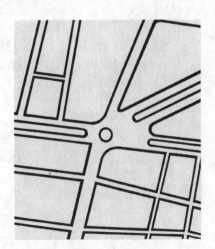

- Observa el plano de la ciudad de Querétaro en la página siguiente. Tiene una cuadrícula marcada con letras de izquierda a derecha y con números de arriba hacia abajo. Eso ayuda a encontrar rápidamente cada lugar. Por ejemplo: la Alameda está en el cuadro 8H. Localízala.

- ¿Qué lugares importantes están en los siguientes cuadros?

   6 A _____

   10 I _____

   6 F _____

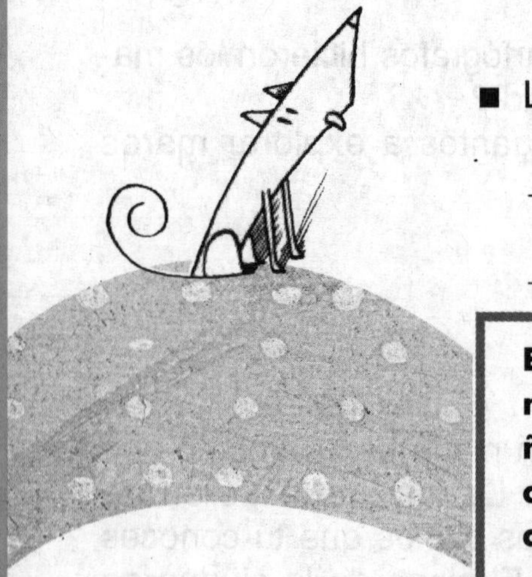

- Localiza los siguientes lugares y anota en qué cuadros están.

   _____ Archivo Histórico   _____ Teatro de la República

   _____ Casa de la Corregidora   _____ Estación de tren

> En los mapas y planos es necesario indicar los puntos cardinales (Norte, Sur, Este y Oeste). La figura que sirve para señalarlos se llama *Rosa de los Vientos* o *Rosa Náutica*. No todos los mapas la tienen, en algunos sólo aparece una flecha que indica hacia dónde está el Norte.

- Utiliza la Rosa de los Vientos del plano para guiarte y contesta:

   ¿Qué está más al norte: el Museo de Arte de Querétaro (7 E) o el Museo Regional (6 G)?

   _____

   ¿Hacia qué punto cardinal hay que dirigirse para ir de la Alameda a la autopista?

   _____

   ¿En la esquina de qué calles está la gasolinería que se encuentra más al oeste de la ciudad?

   _____

   _____

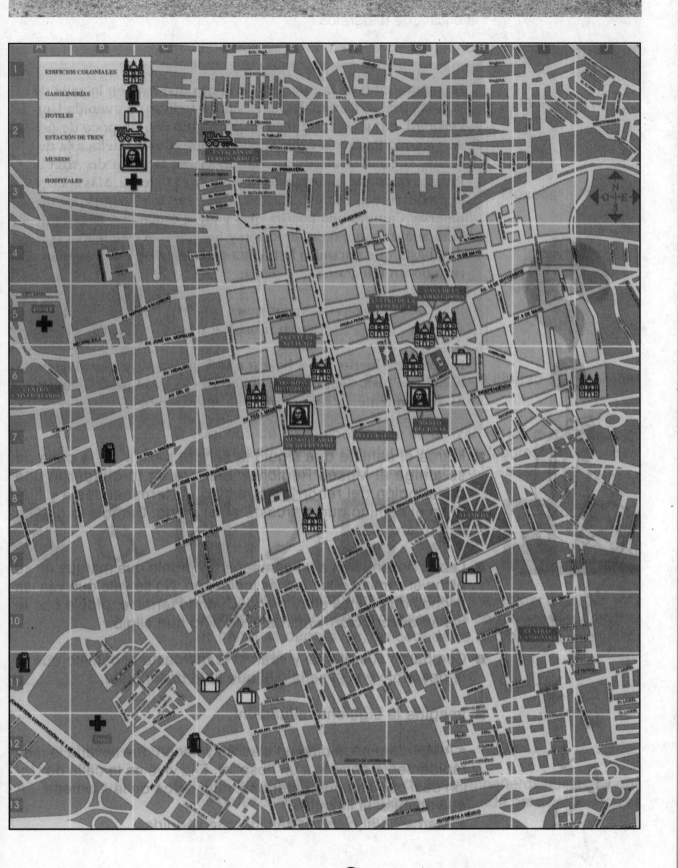

ELABORA UNA DESCRIPCIÓN

En el plano de Querétaro, las flechas verdes indican el camino que siguió una señora para ir de la estación de ferrocarriles hacia la oficina de telégrafos.

La señora salió de la estación de trenes que está en la calle de Nicolás Bravo, caminó hacia el sur hasta llegar a avenida Universidad, dio vuelta a la izquierda y siguió con un poco de prisa. Cuando llegó a la calle Allende Norte, dio la vuelta a la derecha, fue hacia el sur y, cuando cruzó la calle de Ángela Peralta, pudo ver la fuente de Neptuno a su derecha. Más adelante pasó frente al Archivo Histórico, pero no tuvo tiempo de detenerse. Caminó una cuadra más y en el cruce con la calle de Pino Suárez cambió de dirección y fue hacia el este media cuadra, hasta que encontró la oficina de telégrafos. Ahí, la señora recogió un telegrama que decía:

URGE PRESENTARSE MUSEO REGIONAL LUNES.
SOLICITUD TRABAJO ACEPTADA.

Después de leerlo, fue a buscar a una amiga suya que vivía en la calle Justo Sierra, frente al ISSSTE (5A). Ahí pasó la noche. Al día siguiente, la señora fue a su nuevo trabajo.

■ Marca el camino que siguió la señora para ir de la casa de su amiga al Museo Regional. Elabora en tu cuaderno una descripción del recorrido que hizo. Al terminar, léela y fíjate en el camino que marcaste en el plano. Cambia lo que no esté claro.

■ Lee tu descripción a un compañero y pídele que marque en su plano el camino que tú estás indicando. No se vale que vea las flechas que tienes en tu plano. Cuando termine, pídele que te lea su descripción y marca el camino que eligió.

■ Comparen sus planos y vean si tú marcaste el camino que él te describió y si él señaló el que tú le describiste.

■ Imagina la siguiente situación:

• A Maricarmen la picó un alacrán y tienen que llevarla lo más rápidamente posible a un hospital. Ella vive en la calle de Colón casi esquina con Zaragoza, muy cerca de la Alameda. ¿A qué hospital la llevarías?
• Marca en el plano el camino que seguirías.

LOS SÍMBOLOS EN LOS MAPAS

La mayoría de los mapas y planos tienen un cuadro en el que se dan indicaciones: se llaman *acotaciones*. Ahí se ponen los símbolos que representan distintos lugares. Esas indicaciones son muy parecidas en la mayoría de los planos. En el de Querétaro se indican varios sitios.

 Edificios coloniales

 Estación de tren

 Gasolinerías

 Museos

 Hoteles

 Hospitales

■ Busca las acotaciones en el plano de la ciudad de Querétaro y completa los cuadros de arriba.

■ Algunos de los símbolos que se utilizan en los planos también son utilizados en las carreteras y en otros lugares. Trata de identificar lo que representa cada uno. Si no lo sabes, investígalo.

■ Inventa algunos símbolos que sirvan para indicar los siguientes lugares en tu escuela: la dirección, la cooperativa, los baños, las canchas deportivas, los bebederos, la biblioteca, la entrada, las escaleras.

■ Compara tus dibujos con los de tus compañeros. Elijan los que les parezcan mejores y háganlos en grande para colocarlos en los lugares correspondientes.

CONSTRUYE UNA BRÚJULA

■ Consigue una aguja, un imán pequeño, un recipiente con agua, pegamento y un pedazo de corcho o de madera.

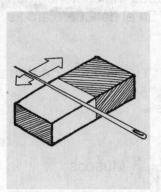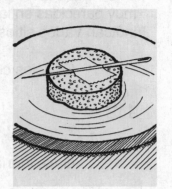

• Frota la aguja en el imán varias veces.
• Pega la aguja en el corcho.
• Coloca el corcho en el recipiente con agua.
• Gira el recipiente y observa que la aguja se mueve y apunta siempre al mismo lugar. Ese lugar es el norte.

ELABORA UN PLANO

■ Usa la brújula para encontrar la orientación de tu escuela.

¿Qué parte de tu salón da hacia el norte?
¿Hacia dónde queda la salida de la escuela?
¿Qué hay hacia el sur?

■ Haz un equipo con tus compañeros y dibujen un plano de la escuela y los lugares que están cerca de ella. Fíjense en los puntos cardinales usando la brújula que hicieron. No olviden ponerle el cuadro de acotaciones y la Rosa de los Vientos.

■ Indiquen en su plano en qué lugar tendrían que reunirse todos en caso de que hubiera un temblor o un incendio. Colóquenlo en un lugar visible.

INTERPRETACIÓN DE UN MAPA

■ En el mapa de la República Mexicana puedes ver las rutas del ferrocarril. Obsérvalo y contesta en tu cuaderno:

¿A qué ciudades peninsulares puedes viajar en tren?
¿Cuáles son los dos estados en los que no hay vías de tren?
¿Por qué lugares pasa el tren que va de Topolobampo, en el estado de Sinaloa, a La Junta, Chihuahua?

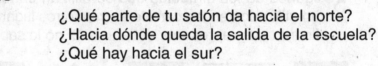

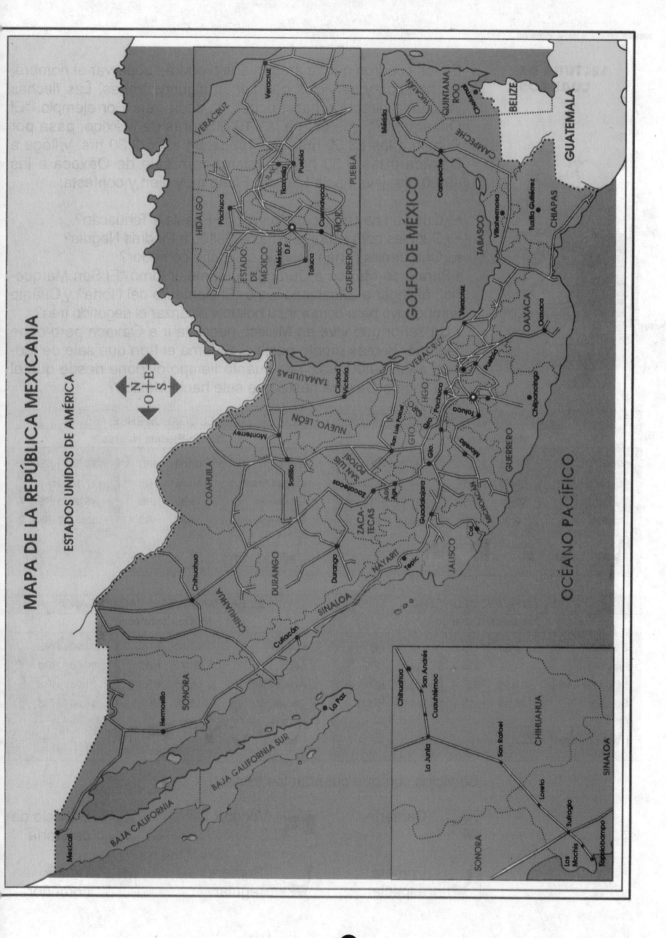

MAPA DE LA REPÚBLICA MEXICANA

ESTADOS UNIDOS DE AMÉRICA

GOLFO DE MÉXICO

OCÉANO PACÍFICO

BELIZE

GUATEMALA

QUINTANA ROO

CAMPECHE

YUCATÁN

Chetumal

Mérida

Campeche

TABASCO

Villahermosa

Tuxtla Gutiérrez

CHIAPAS

OAXACA

Oaxaca

Veracruz

VERACRUZ

Puebla

Chilpancingo

GUERRERO

Toluca

MORELOS

Pachuca

HGO.

QRO.

GTO.

Gto.

MICHOACÁN

Col.

JALISCO

Guadalajara

Ags.

SAN LUIS POTOSÍ

San Luis Potosí

Zacatecas

ZACATECAS

NAYARIT

Tepic

SINALOA

Culiacán

DURANGO

Durango

COAHUILA

Saltillo

NUEVO LEÓN

Monterrey

TAMAULIPAS

Ciudad Victoria

CHIHUAHUA

Chihuahua

SONORA

Hermosillo

BAJA CALIFORNIA

Mexicali

BAJA CALIFORNIA SUR

La Paz

VERACRUZ

Veracruz

HIDALGO

Pachuca

Tlaxcala

TLAX.

Puebla

PUEBLA

MÉXICO D.F.

ESTADO DE MÉXICO

Toluca

Cuernavaca

MOR.

GUERRERO

CHIHUAHUA

Chihuahua

San Andrés

Cuauhtémoc

La Junta

San Rafael

Loreto

Sufragio

Las Mochis

Topolobampo

SONORA

SINALOA

N

O · E

S

LECTURA DE CUADROS

■ En los cuadros que aparecen abajo podrás observar el nombre, los horarios y servicios que tienen algunos trenes. Las flechas indican la dirección hacia donde va cada tren. Por ejemplo, "El Oaxaqueño", que sale a las 19:00 horas de México, pasa por Puebla a las 23:50 hrs., por Tehuacán a las 2:30 hrs. y llega a Oaxaca a las 9:30 hrs. El mismo tren sale de Oaxaca a las 19:00 hrs. y va hacia México. Fíjate muy bien y contesta:

• ¿Qué tren hay que tomar para ir de Puebla a Tehuacán?
• ¿Cuántas horas dura el viaje de Saltillo a Piedras Negras?
• ¿Qué trenes tienen servicio de coche comedor?
• Para ir de México a Durango, una mujer tomó "El San Marqueño"; al llegar a Zacatecas tomó "El Centauro del Norte". ¿Cuánto tiempo tuvo para comprar su boleto y alcanzar el segundo tren?
• Un señor que vive en México necesita ir a Oaxaca pero debe regresar lo más pronto posible. Si toma el tren que sale de México a las 19:00 hrs., ¿de cuánto tiempo dispone desde que el tren llega a Oaxaca hasta que sale hacia México?

EL OAXAQUEÑO					
México-Oaxaca					
México	19:00	HRS		09:20	HRS
Puebla	23:50	HRS		04:25	HRS
Tehuacán	02:30	HRS		01:45	HRS
Oaxaca	09:30	HRS		19:00	HRS

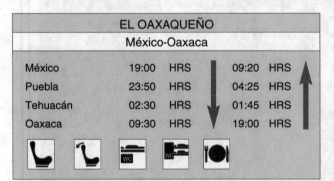

EL COAHUILENSE					
Saltillo-Piedras Negras					
Saltillo	07:00	HRS		20:30	HRS
Ciudad Frontera	10:25	HRS		17:15	HRS
Barroterán	12:00	HRS		15:35	HRS
Piedras Negras	14:30	HRS		13:00	HRS

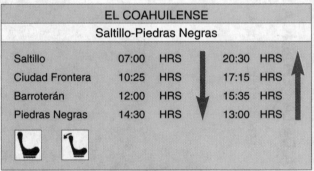

EL CENTAURO DEL NORTE					
Zacatecas-Durango					
Zacatecas	10:20	HRS		17:35	HRS
Fresnillo	11:00	HRS		16:45	HRS
Felipe Pescador	11:40	HRS		15:55	HRS
Durango	16:45	HRS		11:00	HRS

EL SAN MARQUEÑO-ZACATECANO					
México-Zacatecas					
México	21:30	HRS		07:20	HRS
León	04:40	HRS		00:50	HRS
Aguascalientes	08:00	HRS		21:05	HRS
Zacatecas	10:00	HRS		18:30	HRS

Servicios con que cuentan los trenes:

 Camarín

 Primera especial

 Alcoba

 Primera regular

 Servicio de cafetería

 Coche comedor

ORTOGRAFÍA

Ángel está en un problemón. Difícil ha sido la mañana, ha tratado de poner unos acentos, y aunque el año pasado estudió las reglas ortográficas, no las puede recordar. Entre todas, hay una sola que no olvidó. Todas las palabras esdrújulas se acentúan sin excepción. César le dijo que la regla para acentuar las palabras graves es como la de las palabras agudas pero al revés.

■ Tal vez tú puedas recordarlo. Haz dos listas, en una escribe la primera palabra de cada oración del texto anterior y en la otra escribe la última. Fíjate en el ejemplo.

Primera palabra   última palabra

Ángel   *problemón*

_____   _____

_____   _____

_____   _____

_____   _____

Las palabras de la primera lista son *graves* porque su sílaba tónica, es decir, la sílaba que se pronuncia con más fuerza es la *penúltima*; las palabras de la segunda lista son *agudas* porque su sílaba tónica es la *última*.

Ángel sabe que primero debe encontrar la sílaba tónica de una palabra y después necesita fijarse con cuál letra termina.

notice / pay attention

■ Ayúdale a recordar las reglas ortográficas. Fíjate cómo terminan las palabras de las listas y completa lo siguiente.

> Las palabras _____ se acentúan cuando terminan en n, s o vocal. Las palabras _____ se acentúan cuando tienen un final diferente a n, s o vocal. Las palabras que siempre se acentúan son las _____ .

■ Fíjate en las siguientes palabras y ponles el acento a las que lo necesiten. Elabora varias oraciones donde las utilices.

soñe	mapa	canibal	brujula	compas	vivir
caracter	rapido	cancion	lapiz	magico	comer

LA LEYENDA DEL FUEGO

(Leyenda tradicional mexicana)

Hace muchos años
los huicholes no tenían el fuego y,
por ello, su vida era muy dura.
En las noches de invierno, cuando el frío
descargaba sus rigores en todos los confines
de la sierra, hombres y mujeres, niños
y ancianos, padecían mucho.

Sólo deseaban que las noches terminaran pronto para que el sol, con sus caricias, les diera el calor que tanto necesitaban.

No sabían cultivar la tierra y habitaban en cuevas o en los árboles.

Un día el fuego se soltó de alguna estrella y se dejó caer en la tierra, provocando el incendio de varios árboles. Los vecinos de los huicholes, enemigos de ellos, apresaron al fuego y no lo dejaron extinguirse. Nombraron comisiones que se encargaron de cortar árboles para **saciar** su hambre, porque el fuego era un insaciable devorador de plantas, animales y todo lo que se ponía a su alcance.

Para evitar que los huicholes pudieran robarles su tesoro, organizaron un poderoso ejército encabezado por el tigre. Varios huicholes hicieron el intento de robarse el fuego, pero murieron acribillados por las flechas de sus enemigos.

Estando en una cueva, el venado, el armadillo y el tlacuache tomaron la decisión de proporcionar a los huicholes tan valioso elemento, pero no sabían cómo hacer para lograr su propósito. Entonces el tlacuache, que era el más abusado de todos, declaró:

—Yo, tlacuache, me comprometo a traer el fuego.

Hubo una burla general hacia el pobre animal. ¿Cómo iba a ser que ese animalito, tan chiquito él, tan insignificante, fuera a traer la lumbre? Pero éste, muy sereno, contestó así:

—No se burlen, como dicen por ahí, "más vale maña que fuerza"; ya verán cómo cumplo mi promesa. Sólo les pido una cosa, que cuando me vean venir con el fuego, entre todos me ayuden a alimentarlo.

Al atardecer, el tlacuachito se acercó cuidadosamente al campamento de los enemigos de los huicholes y se hizo bola. Así pasó siete días sin moverse, hasta que los guardianes se acostumbraron a verlo. En este tiempo observó que con las primeras horas de la madrugada, casi todos los guardianes se dormían. El séptimo día, aprovechando que sólo el tigre estaba despierto, se fue rodando hasta la hoguera. Al llegar, metió la cola y una llama enorme iluminó el campamento. Con el hocico tomó una brasa y se alejó rápidamente.

Al principio, el tigre creyó que la cola del tlacuache era un leño; pero cuando lo vio correr, empezó la persecución. Éste, al ver que el animalote le pisaba los talones, cogió la brasa y la guardó en su **marsupia**.

El tigre anduvo mucho sin encontrarlo, hasta que por fin lo halló echado de espaldas, con las patas apoyadas contra una peña. Estaba allí, descansando tranquilamente y contemplando el paisaje. El tigre saltó hacia el tlacuache, decidido a vengar todos los agravios.

—Pero, compadre, ¿por qué? —le dijo el tlacuache—. ¿No ves acaso que estoy sosteniendo el cielo? Ya casi se nos viene encima y nos aplasta a todos. Podrías mejor ayudarme, quedándote en mi sitio mientras yo voy por una tranca. De esa manera estamos salvados.

El tigre, muy asustado, aceptó colocarse en la misma posición en la que estaba el tlacuache, apoyando las patas contra la peña.

—Aguanta hasta que venga, compadre. No tardaré —dijo el tlacuache.

El tlacuache salió disparado, mientras el tigre se quedaba ahí, patas arriba. Pasó un ratote y el tigre ya se había cansado.

—¿Qué andará haciendo este tlacuache bandido que no viene? —protestaba el tigre.

Siguió esperando, sin moverse. Pronto ya no pudo más. —Me voy aunque el cielo se venga abajo —pensó y se levantó rápidamente.

Se asombró de ver que no pasaba nada, que las cosas seguían en su sitio. El tlacuache lo había engañado otra vez. Salió a buscarlo enfurecido. Lo encontró en la punta de un peñasco, comiendo maicitos, a la luz de la luna llena. En cuanto el tlacuache lo vio venir, hizo como que contaba los granos y se apresuró a decirle:

—Mira compadre, ¿ves esa casa que está allá abajo? Ahí venden ricos quesos, podemos comprar muchos con este dinerito.

—Pero no veo cómo llegaremos a esa casa.

—Es fácil compadre. Cuestión de pegar un salto. Ya otras veces he saltado y nada me ha pasado —argumentó el tlacuache.

—Bueno, saltemos juntos. No vaya a ser que te quedes aquí arriba o que llegues primero abajo y te escapes.

Mientras el tigre recogía los maicitos, pensando que eran dinero, el tlacuache aprovechó para encajar su cola en una grieta, sin que el otro se diera cuenta. Los dos se pararon en el borde de la peña. Cuando el tigre dijo: "¡ya!", el tlacuache saltó pero no se movió de su sitio pues tenía la cola encajada. El tigre pegó un gran brinco y voló derechito hacia la luna llena, hasta desaparecer.

Por fin, herido y exhausto, el tlacuachito llegó hasta el lugar donde estaban los otros animales y los huicholes. Allí, ante el asombro y la alegría de todos, depositó la brasa que guardaba en su bolsa. Todos sabían que tenían que actuar rápidamente para que el fuego sobreviviera. Así que levantaron una hoguera con zacate seco y ramas. Arroparon al fuego, lo apapacharon y lo alimentaron. Pronto creció una hermosa llama.

Después de curar a su bienhechor, los huicholes bailaron felices toda la noche.

El generoso animal, que tantas peripecias pasó para proporcionarles el fuego, perdió para siempre el pelo de su cola; pero vivió contento porque hizo un gran beneficio al pueblo. En cambio, cuenta la gente que el tigre fue a caer en la luna y que todavía se le puede ver ahí de noche, parado con el hocico abierto.

Seis

INTERCAMBIO DE IDEAS

Contar cuentos es una tradición muy antigua que tienen todos los pueblos del mundo. Muchos de estos cuentos relatan cómo se creó el mundo cuando nada existía o cuál fue el origen de las cosas. Un ejemplo de este tipo de textos es "La leyenda del fuego", que narra cómo fue que los huicholes, indígenas del occidente del país, pudieron obtenerlo. El fuego ha sido tan importante para el hombre que muchas culturas tienen historias sobre él.

■ Con tus compañeros responde las siguientes preguntas:

¿Por qué creen que para los huicholes era importante tener fuego?

¿Qué relación podría haber entre el conocimiento del fuego y el hecho de que los huicholes no supieran cultivar la tierra?

¿Alguno de ustedes conoce otra leyenda sobre algún elemento de la naturaleza, por ejemplo el agua, el viento o la tierra, o sobre el sol o la luna? Compártanla con sus compañeros.

LAS EXPRESIONES Y SU SIGNIFICADO

■ En las siguientes expresiones subraya las palabras que se refieren al fuego como si fuera un ser vivo. Fíjate en el ejemplo:

• El fuego <u>se dejó caer</u> en la tierra.

• El fuego era un insaciable devorador de plantas y animales.

• Ellos actuaron rápidamente para que el fuego sobreviviera.

• Los huicholes apapacharon al fuego.

¿Cómo hablarías de la tormenta, del mar o del Sol para que pareciera un ser vivo? En tu cuaderno, escribe varias expresiones de ese tipo.

■ Con tus compañeros lee el siguiente fragmento:

—No se burlen, como dicen por ahí, "más vale maña que fuerza"; ya verán cómo cumplo mi promesa.

¿Qué significa el refrán "más vale maña que fuerza"?
¿Recuerdas las aventuras del tlacuache para escapar del tigre?
¿Tuvo razón al utilizar este refrán? ¿Por qué?

■ Busca en tu libro de *Lecturas* el fragmento "El señor de los refranes", escrito por Agustín Yáñez. Lee el texto y realiza las siguientes actividades:

• Subraya los dichos y refranes que conozcas y, con tus compañeros, explica su significado.
• Hagan una lista con otros refranes. Cada quien escoja alguno e inventen un pequeño cuento o una situación donde se pueda utilizar esa expresión.
• Después, corrijan su texto con ayuda del anexo "Más ideas para revisar tus escritos", y lean su trabajo al grupo.

■ Relaciona las expresiones subrayadas con su significado correspondiente:

El tlacuache <u>salió</u> <u>disparado</u>.

Seguir alguien o algo su camino sin detenerse.

El tigre <u>le pisaba los talones</u>.

Estar a punto de irse o de comenzar un viaje.

<u>Se pasó de largo</u> sin saludar.

Seguir muy de cerca a alguien o estar a punto de alcanzarlo.

Cuando llegué, Sofía ya estaba <u>con un pie en el estribo.</u>

Dejar un lugar de manera apresurada.

■ Escribe varias oraciones utilizando las expresiones de arriba. Compara tu trabajo con el de un compañero.

■ Lee la siguiente información acerca de los huicholes:

El pueblo huichol es un grupo indígena mexicano que habita en el norte de Jalisco y parte de Nayarit, Zacatecas y Durango. Este grupo conserva hasta ahora costumbres muy antiguas. Los hombres visten pantalón y camisa de manta blanca con algunos bordados, faja y sombrero. Las mujeres usan falda amplia, blusa de percal, un paliacate sobre la cabeza y, en ocasiones, el *quechquémitl*, que es un pequeño jorongo triangular.

Los huicholes se dedican a la artesanía, la cual está muy relacionada con sus creencias. Ellos quieren a las cosas de la naturaleza como quieren a algún familiar cercano. Dicen que sus "abuelos" son el sol y el fuego; sus "abuelas", la fertilidad, la luna y la tierra; sus "tías", la lluvia y las tormentas. Por eso los representan en sus bordados y en otros trabajos artesanales.

■ Elabora una descripción de alguna tradición de nuestro país. Ese texto te va a servir para que más tarde, con tus compañeros, hagas una antología. Sigue estas instrucciones:

• Primero decide qué tema vas a tratar en tu descripción. Puede ser sobre alguna fiesta que se lleve a cabo en el lugar donde vives o a la que hayas asistido alguna vez. Otra posibilidad es realizar una entrevista con personas que hagan artesanías o que mantengan una tradición. En la Biblioteca Escolar y la Biblioteca de Aula seguramente habrá información. Busca algo que te interese.
• Antes de redactar la descripción, haz una lista de la información que obtuviste y luego organízala en un esquema. Aquí tienes un ejemplo, pero recuerda que tu esquema dependerá de los datos que tengas y de cómo quieras organizarlos.

Concurso de Marimbas en Huixtla, Chiapas

1. *Lugar y fecha.*
   • *Cada cuándo se realiza y dónde.*
   • *Cuándo empezó la tradición.*

2. *Cómo se organiza el concurso y quiénes participan.*

3. *Actividades.*
   • *Concurso y premios.*
   • *Bailes regionales: su música y vestidos.*
   • *Coronación de la reina.*
   • *Comida.*
   • *Feria popular.*
   • *Juegos artificiales.*

LAS PARTES DE UNA NARRACIÓN

A lo largo de tu vida has escuchado y leído muchos cuentos tradicionales, leyendas y mitos. Probablemente habrás observado, en algunos de ellos, ciertos detalles que hacen que se parezcan entre sí. En este ejercicio vas a reflexionar sobre la manera como están construidas estas narraciones.

■ En muchas narraciones existen los siguientes elementos:

• *Un héroe o una heroína*: ¿Quién es el personaje principal? ¿Cuáles son sus características?

• *Una misión que el héroe debe cumplir*: ¿Qué es lo que debe hacer? ¿Por qué es él quien debe resolver el problema?

• *Adversarios a los que se va a enfrentar el héroe. Se sabe que su misión será peligrosa*: ¿Qué personajes harán lo posible para que el héroe no cumpla su misión? ¿Qué razones tienen para oponerse al héroe?

• *Uno o varios aliados del héroe. Las personas, animales u objetos que le ayudan*: ¿Quién o qué le ayuda a cumplir su misión?

• *Un camino que debe recorrer para cumplir su misión o las distintas aventuras por las que pasa*: ¿Qué hace el héroe para llegar a su objetivo? ¿Qué problemas encuentra? ¿Cómo los resuelve?

• *Un enfrentamiento final. El héroe tiene una última batalla con el adversario, así que debe utilizar su mejor truco para obtener la victoria definitiva*: ¿Qué es lo que hace para ganar?

• *Cómo termina la misión del héroe*: ¿Obtuvo lo que buscaba? ¿Regresó a su lugar de origen?

• *El final de la narración*: ¿El héroe es feliz? ¿Por qué? ¿Qué ocurre con los otros personajes del cuento? ¿Cómo viven de ahí en adelante?

■ Busca estos elementos en "La leyenda del fuego". Para hacerlo, contesta en tu cuaderno cada una de las preguntas que se hacen arriba.

■ Lee el fragmento de "Perseo y la Medusa", que es un mito griego. Está en tu libro de *Lecturas*.

■ Llena la columna central del siguiente cuadro con la información que encuentres en la lectura. Como es un fragmento del texto, habrá algunos elementos que no encuentres. Fíjate en los ejemplos:

PERSEO Y LA MEDUSA		
Héroe	*Perseo*	
Misión		
Adversarios		
Aliados		
Aventuras	*No hay; sólo hay un enfrentamiento*	
Último enfrentamiento		
Término de la misión		
Final o epílogo		

■ Con tus compañeros vas a llenar la tercera columna del cuadro con una historia que todos conozcan; puede ser un cuento tradicional, como "Caperucita Roja", una novela que hayan leído o una leyenda; también puede ser un programa de televisión o una película. Antes de hacerlo, entre todos reconstruyan la historia que hayan elegido.

ESCRIBE UN CUENTO

Hasta ahora has estudiado la forma como están construidos algunos cuentos tradicionales. Esta vez te toca imaginar una historia y escribirla. Para hacerlo, primero lee las instrucciones.

■ El primer paso consiste en pensar de qué va a tratar tu cuento:

• Escoge un héroe y describe sus características. Por ejemplo:
Su naturaleza: humano, animal, monstruo u objeto.
Sus características físicas: hermoso, feo, grande, mediano, pequeño, fuerte, débil, jorobado, etcétera.
Sus cualidades: inteligente, generoso, valiente; sus defectos: enojón, perezoso, cobarde.
Decide si tiene o no tiene algún poder mágico o sobrenatural.

• Elige la misión que debe cumplir el héroe. Por ejemplo:
Recuperar un objeto: ¿cuál?
Salvar o encontrar a una persona: ¿a quién?
Hacer una travesía: ¿por qué?, ¿de dónde a dónde?

• Piensa quién o quiénes van a ser los adversarios del héroe y quiénes le van a ayudar. Imagina cuáles son las características de cada uno, de la misma manera que elegiste las del héroe.

■ Recuerda que los cuentos tienen planteamiento, nudo y desenlace. Decide cómo vas a desarrollar cada parte.

• En el planteamiento:
Se presenta al héroe y sus características.
Se dan las circunstancias en que se encuentra: el lugar, el momento y la misión que debe cumplir.

• En el nudo:
Se narran las diferentes aventuras por las que pasa el héroe para cumplir su misión, a qué problemas se enfrenta y quiénes lo ayudan.

• En el desenlace:
Se puede contar la última batalla del héroe con el adversario y si el héroe cumplió su misión o no, si fue feliz, y lo que pasa con el resto de los personajes.

■ Redacta el cuento y cuando hayas terminado, fíjate si tiene todos los elementos que querías poner. Después, dáselo a un compañero para que lo lea. Escucha su opinión y corrígelo si es necesario.

EL VIAJE DE ORIFLAMA Y MÁS LEYENDAS
❦
Varios autores
SEP-SALVAT

CUENTOS Y LEYENDAS DE AMOR PARA NIÑOS
❦
Antología
CIDCLI

EL PAÍS DE LOS PÁJAROS
❦
Ciça Fittipaldi
MELHORAMENTOS SEP

- Busquen en la Biblioteca de Aula o en la Biblioteca Escolar una leyenda, llévenla a sus casas y léanla a sus familiares. Pídanles que les cuenten una narración parecida y escríbanla. Después, lean sus trabajos al grupo.

- Elaboren una antología que incluya las descripciones sobre las tradiciones, los textos donde aparecen los refranes y las leyendas que les contaron.

- Ordenen los textos de acuerdo con el tema; por ejemplo, dentro de las leyendas junten las que hablen de aparecidos, pongan aparte las que hablen de dinero enterrado, etcétera.

- Tomando en cuenta su clasificación, elaboren un índice para la antología. También escriban una introducción. Armen su libro y decidan qué van a hacer con él.

ORTOGRAFÍA

Las palabras "casa", "querer", "quizá", "color" y "cuna" tienen un sonido igual en la primera sílaba; este sonido se puede representar de dos maneras diferentes: con la *c* y con la *qu*. En este ejercicio vas a repasar el uso de esas letras.

- Lee el siguiente texto:

La mujer armadillo y la mujer tepezcuintle
(Leyenda chinanteca)

Una mujer armadillo y una mujer <u>tepezcuintle</u> tejían sus huipiles; <u>querían</u> acabarlos y ponérselos antes de que saliera el Sol.

La mujer armadillo <u>quiso</u> hacerlo con una trama muy finita, pero le <u>costaba</u> mucho trabajo y el Sol estaba por salir.

—¿Todavía no <u>acabas</u>? —le preguntaba la tepezcuintle— yo <u>creo</u> que no vas a terminar.

¡Y <u>claro</u>!, cuando amaneció, la mujer armadillo se puso su huipil a medio hacer, <u>con</u> todo y los palos del telar. Por eso todavía se puede ver en la espalda del armadillo <u>cómo</u> su piel comienza finita y luego se hace más burda.

En cambio, la piel del tepezcuintle es pareja y finita <u>porque</u> su huipil sí estaba terminado y tenía bordadas flores muy bonitas.

- Fíjate en las palabras que están subrayadas en el texto y completa la siguiente información:

Se escribe c en los siguientes casos:

Antes de las vocales _____ , _____ , _____ , por ejemplo:

_____ , _____ y _____ .

Antes de las consonantes _____ , _____ , por ejemplo:

_____ y _____ .

Se escribe qu antes de las vocales _____ , _____ , por ejemplo:

_____ y _____ .

■ En equipo escriban un trabalenguas con palabras que tengan c y qu. Después, presenten su trabajo al grupo.

ACERCA DE LA LENGUA

■ En cada una de las siguientes oraciones hay dos verbos conjugados; subraya sólo el que esté en pretérito. Observa el ejemplo:

El tlacuache <u>prometió</u> que conseguiría el fuego.

El animalito presintió que tendría muchos problemas.

Los otros animales dijeron que ayudarían a su amigo.

El tigre sintió que el tlacuache lo engañaría.

El felino creyó que el cielo caería sobre la tierra.

Los huicholes pensaron que el tlacuache no regresaría.

Los verbos que localizaste se refieren a acciones que sucedieron en el pasado. El otro verbo de cada oración está en pospretérito e indica que la acción ocurrirá después de lo expresado por el primer verbo. Por ejemplo:

El tlacuache <u>prometió</u> que <u>conseguiría</u> el fuego.
    pretérito   pospretérito

En esta oración, el verbo "conseguiría" expresa una acción que puede ocurrir u ocurrirá después del verbo en pretérito "prometió".

- En las oraciones que subrayaste, localiza el verbo que está en pospretérito. Después, conjuga los verbos sembrar, romper y escribir en pospretérito, y fíjate cómo terminan. Por ejemplo: yo sembra<u>ría</u>, tú sembra<u>rías</u>, él sembra<u>ría</u>...

- Subraya en las siguientes oraciones los verbos en pospretérito.

  Creí que la tormenta comenzaría al anochecer.
  Las niñas pensaron que los ejercicios no serían muy largos.
  El héroe aseguró que vencería al tigre.
  Los huicholes dijeron que el fuego traería muchos beneficios.
  Yo imaginé que terminaría antes de las tres de la tarde.
  Gabriela reflexionó sobre cómo podría resolver el problema.

- Escribe un texto donde imagines lo que harías si tú fueras el director de la escuela, un niño que va a preescolar o el dueño de un circo. Tu escrito podría empezar de esta manera:

  "Si yo fuera..."

- Subraya los verbos en pospretérito que hayas utilizado en tu texto. Compara tu trabajo con el de un compañero.

PARA SENTIR LA LITERATURA

- En el índice de tu libro de *Lecturas* localiza el texto "Luvina", escrito por Juan Rulfo. Este texto describe una región muy remota y fría. Antes de empezar a leer imagina el lugar y haz como si estuvieras allí: vas caminando cuesta arriba, un aire helado golpea tu cara, bajo tus zapatos sientes piedras filosas, tienes la boca seca, hay arena en tus ojos. Ahora sí, comienza a leer muy lentamente.

- Jueguen todos juntos. Con su cuerpo van a sentir cómo es el viento en Luvina. Localicen el último párrafo del texto y fíjense que en esta parte el viento sopla, arrastra, muerde, rasca, arranca las cosas.

- Uno de ustedes lea poco a poco el texto en voz alta; al mismo tiempo, el resto del grupo imite al viento. Por ejemplo, si se dice que el viento sopla, ustedes tienen que soplar; si el viento arrastra, arrastren el pie sobre el piso; si dice que muerde, muerdan algo, y así hasta terminar el cuento.

- Si les gustó este ejercicio, hagan lo mismo con otros textos de su libro de *Lecturas* o con materiales que se encuentren en la Biblioteca de Aula.

NUESTRA CALLE TIENE UN

PROBLEMA

3 de julio

Nuestra calle tiene un problema. Se llama Paco. Su padre es de los que no deja que nadie asome ni la nariz fuera de su casa. Pobre Paco, parece un prisionero de guerra. Nunca puede hacer nada. Se queda siempre en casa. Da pena ver a una persona así.

Nosotros jugando con el balón la tarde entera y él asomado a la ventana. Para Paco el domingo es un día de ir a comer a casa de su abuela. Van él, la mamá, el papá y la sangrona de su hermana Rosana, esa cuatro-ojos que se la pasa mojándonos con la manguera.

7 de julio

Los papás son una cosa seria. El mío, el de Toño, el de Mauro, el de Quique, el de José Luis y el de Beto son "más o menos". El mío me deja jugar en la calle, pero nada de acercarme a la avenida. A Toño le prohíben ir a la nevería de don Porfirio. El de Beto es muy enojón, sólo que nunca está en casa. Pero cuando llega, se tiene que meter corriendo. El de Quique es peor que el mío. El de José Luis sí da permiso, pero es obligatorio regresar a las seis en punto. El de Mauro a veces da permiso de todo y otras veces lo regaña tanto que Dios me libre, y dice todo en el famoso idioma que a veces usa.

5 de agosto

Aquí en la calle lo que nos entristece un poco es Paco. Siempre espiando allá a lo lejos. Solito. Apachurrado. El otro día todos platicamos. El asunto fue él. Después de discutir un rato, decidimos hablar con su papá para pedirle permiso de que Paco salga a jugar.

El papá de Paco es muy alto, delgado y tiene unos pelitos desarreglados que le salen de la nariz. José Luis le dijo a Rosana que ésos no eran pelitos sino las patas de una cucaracha que vivía en la nariz de su papá. Desde esa vez, ella nos moja cada vez que jugamos.

17 de agosto

Ayer por la tarde, cuando el papá de Paco llegó del trabajo, nos acercamos a él todos juntitos, pero a la hora de la hora nadie tuvo valor. Hoy fuimos de nuevo…
—Don Justino…
Él volteó y frunció el ceño:
—¿Sí?
—Nosotros… sabe… Paco…
—Nos falta uno en nuestro equipo.
—Sí… necesitamos…
—¿Puede?
Don Justino se quedó quieto. Hizo una cara muy seria, como de susto. Dijo que era peligroso jugar en la calle porque podía pasar un carro. Le dijimos que aquí casi no pasan, y que nunca íbamos a la avenida. Él se quedó dudando. Todos se lo pedimos. Dijo que lo pensaría.

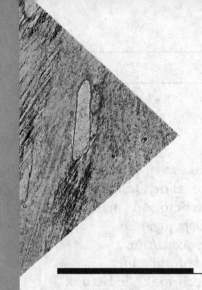

Siete

La lectura "Nuestra calle tiene un problema" es parte del diario de un niño llamado Neto.

■ Contesta en tu cuaderno las siguientes preguntas:

¿Qué problema tiene la calle?
¿Qué piensa Neto de Paco?
¿Por qué Rosana moja a los niños con la manguera?
¿Cuál crees que sea el "famoso idioma" que usa el papá de Mauro?
¿Qué crees que pasó después de que hablaron con el papá de Paco?
¿Por qué hay varias fechas en el texto?

■ Haz una lista de todas las personas que Neto menciona en su diario y observa qué se puede saber de cada una.

■ Escribe en tu cuaderno lo que sucedió el día que los niños hablaron con el padre de Paco, como si tú fueras el narrador de la historia y estuvieras observando la escena.

■ Compara tu texto con el original y subraya en tu cuaderno las cosas que tuviste que cambiar.

■ Intercambia tu trabajo con el de un compañero y coméntenlo para encontrar diferencias y semejanzas.

La siguiente lectura es de otro diario, pero ahora está escrito por Rosana. ¿Sabes quién es? La hermana de Paco, vecina de Neto. ¿La recuerdas?

■ Lee lo que Rosana cuenta y fíjate en qué fechas escribe.

23 de junio

Querido diario:

Nuestra calle tiene un problema. Todo, por culpa de una banda de chiquillos que se la pasa mortificándonos. ¿Qué crees que hicieron el otro día? Buscaron un montón de garrapatas y se las echaron a los gatos de doña Julieta. Ella vive solita con sus doce gatos. Aquellos animalitos son todo para ella, hasta parecen sus hijos. Los baña con champú, beben té de laurel y comen pastel. Los gatos maullaban desesperados, rascándose y restregándose en el piso. Doña Julieta tuvo que raparlos. Y todo por culpa de esos chamacos.

13 de agosto

Querido diario:

Paco confesó que se muere de ganas por salir a la calle a jugar. Pero a papá le parece peligrosísimo jugar pelota en la calle. Paco hizo berrinche y lloró, pero cuando papá dice no, es no.

28 de junio

Querido diario:

Los chiquillos de aquí, Neto, Mauro, Quique, Toñito, José Luis y Beto, se la pasan jugando futbol. Ya quebraron los vidrios de unas mil casas. Mi hermano bien que quiere jugar con ellos, pero Paco no les cae bien. Uno de ellos, un bajito feo, José Luis, dijo que mi papá tenía un animal dentro de la nariz. Hasta ahora sigo desquitándome. Cada vez que él juega con el balón frente a mi casa, yo tomo la manguera y lo mojo. Es un pesado.

En la calle hay cuatro niñas. Rosalía, Adriana, Luisa y Cristina. Rosalía tiene dos hermanos: Mauro, que es el del equipo de futbol, y Rodolfo, que está muy guapo. El que en verdad me cae bien es don Luis, su papá. Él nos enseñó el idioma de la f. ¿Quieferefes cofomefer ufanafa safardifinafa? ¡¿Safardifinafa?! Y entonces le reparte sardinas a todo el mundo.

29 de agosto

Querido diario:

Todo ha cambiado no sé lo que pasó. El viernes papá llegó a casa y durante la cena, platicando con mamá, dijo que lo había pensado mejor y que Paco podía jugar. Paco dio siete brincos, dos marometas y hasta se paró de cabeza de la alegría.

■ Vuelve a leer las preguntas que contestaste en el ejercicio anterior y platica con tus compañeros:

¿Ya sabes cuál es el "famoso idioma" que habla el papá de Mauro? ¿Qué quería decir con "quieferefes cofomefer ufunafa safardifinafa"? ¿Habían oído a alguien hablar así antes?
Rosana no sabe por qué su papá cambió de opinión y le dio permiso a Paco de jugar en la calle. ¿Qué sucedió? ¿Cuándo?

LOS DIARIOS

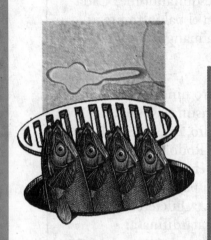

■ Comenta con alguno de tus compañeros.

¿A quién le escriben Neto y Rosana? ¿Para qué escriben? ¿Sobre qué escriben? ¿En qué se parece el diario de Neto al diario de Rosana? ¿Escriben todos los días? ¿Cómo lo sabes?

> En un diario puedes escribir muchas cosas: lo que te gusta hacer, lo que te sucede, tus sueños y deseos; tus proyectos y problemas y las cosas que a veces no puedes platicarle a otros. También puedes poner las canciones y juegos que te divierten y los poemas que tú mismo has creado. En fin, es un lugar para hablar de ti mismo. La mayor parte de lo que se escribe en un diario no se comparte, sólo es para la persona que lo escribe. Un diario es una carta escrita para uno mismo.

¿Alguna vez has tenido un diario? Es muy divertido escribir para después leer y recordar otras épocas.

■ Busca un cuaderno en el que puedas anotar tus experiencias personales. Puede ser un cuaderno del año pasado al que le hayan sobrado hojas limpias. Recuerda las siguientes ideas:

• Pon la fecha cada vez que escribas, así podrás saber cuándo sucedió lo que anotes. También es importante que expliques dónde sucedió lo que cuentas.

• Presenta a las personas de las que vas a hablar. El diario es como un amigo o amiga y cuando lo inicias no sabe nada de ti ni de la gente que te rodea. Busca la parte en que Rosana presenta a las niñas que viven en su calle y fíjate cómo lo hace.

• Puedes introducir diálogos en tus narraciones. Revisa cómo lo hizo Neto el día que hablaron con el papá de Paco.

■ Utiliza las conjunciones *y*, *e*, *ni* para unir las oraciones como en el ejemplo; elimina las palabras que ya no sean necesarias.

Andrés quería salir. Andrés quería jugar.

Andrés quería salir y jugar.

Beto iba a comprar una lupa. Beto iba a comprar un imán.

_____

María no quería cambiarse las calcetas. María no quería salir a la calle.

_____

_____

Gustavo tenía pensado comprar un conejo. Gustavo tenía pensado investigar sobre la vida de esos animales.

_____

_____

■ Compara tu trabajo con el de algún compañero. Si tienen diferencias, cada uno explique cómo resolvió el ejercicio.

> **En este caso, la conjunción y sirve para relacionar oraciones. Cuando se unen oraciones negativas, la conjunción que se utiliza es ni. Recuerda que la conjunción y se sustituye por e cuando la palabra que sigue empieza con "i".**

LAS CARTAS FORMALES

■ Aquí hay dos textos con una solicitud. Léelos con atención.

Señor presidente:

Soy Octaviano J. Molina. Fíjese que me gustaría mucho escalar la torre de la catedral y quiero saber si puedo hacerlo el domingo. ¿Me daría usted permiso?

Zacatecas, Zac., 28 de febrero de 1934.

ASUNTO: Se solicita permiso para escalar la torre de la catedral de esta ciudad.

C. Presidente Municipal.
Presente

Me dirijo a usted con el debido respeto para exponer lo siguiente:

Durante varios años me he dedicado a trabajos de agilidad, que vulgarmente llaman de "hombre mosca", escalando torres de iglesias y edificios elevados en diferentes poblaciones del país, como lo acreditan los justificantes que obran en mi poder y están a su disposición en caso necesario.

En esta ocasión, suplico a usted se sirva concederme permiso para escalar la torre del templo de la catedral de esta ciudad, el proximo domingo 4 de marzo a las 11:30 horas, en la inteligencia de que esa autoridad no será responsable de los daños personales que pudieran sobrevenirme por algún error mío.

Esperando que tenga a bien otorgarme el permiso que solicito, agradezco de antemano sus atenciones.

Octaviano F. Molina

■ Trabaja con algunos de tus compañeros y contesten las siguientes preguntas:

¿A quién están dirigidos los escritos? ¿Qué es lo que se solicita en ellos? ¿Cuándo se escribió cada uno? ¿Quién los escribió? ¿Dónde se escribieron? ¿A qué catedral se estará refiriendo? ¿Cuál de las dos cartas escogerían para enviarla al presidente municipal? ¿Por qué?

Las cartas formales se utilizan para muchos trámites. Por ejemplo, para solicitar algún servicio o información, o para hacer alguna invitación. También se usan al pedir permiso para distintas actividades.

LAS PARTES DE UNA CARTA FORMAL

- ¿Se puede saber el nombre del presidente a quien se dirige la carta? ¿Por qué? ¿Dónde tendría que estar ese dato?

- Identifica la parte de la carta en la que el señor Molina se dirige al presidente para pedirle permiso de escalar la torre.

- Hay una parte en la que se dice que el presidente no sería responsable en caso de que el señor Molina tuviera algún accidente. Localízala y subráyala.

- En la carta hay una parte que dice: “Esperando que tenga a bien otorgarme el permiso que solicito, agradezco de antemano sus atenciones”. ¿Qué parte es: el saludo, la petición o la despedida?

- Escribe las dos últimas líneas de la carta, expresándote de manera informal.

> **Las cartas formales son documentos que se escriben de una manera particular. Algunas veces esas cartas se dirigen a personas que no conocemos y al escribirlas utilizamos un lenguaje más formal que el que usaríamos para escribirle una carta a un amigo o a un familiar.**

- Une con líneas la fecha, el saludo, el inicio y la despedida, según el tipo de carta que sea.

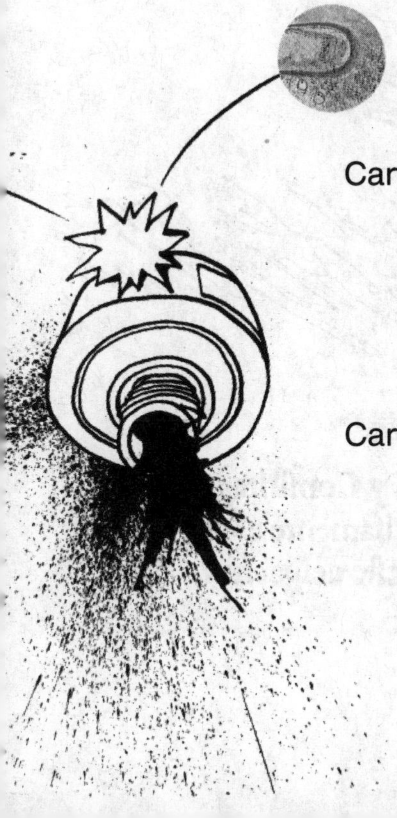

	Fíjate que el sábado...
	Querida Lupita:
Carta formal	México, D. F., 7 de agosto de 1994.
	Estimada Sra. Guadalupe Díaz:
	7 de agosto.
Carta informal	Se despide de usted
	Me dirijo a ud. para informarle que el sábado...
	Hasta pronto.

SELLO QVARTO,
TILLO, AÑOS DE M
CIENTOS Y VEINTI
Y VEINTE Y SEIS.

DON JVAN DE ACVÑA, MARQVEZ DE CASA-
Fuerte, Cavallero del Orden de Santiago, Comendador de Adelfa
en la de Alcantara, del Consejo de su Magestad en el Supremo de
Guerra, Capitan General de los Reales Exercitos, Virrey, Gover-
nador, y Capitan General de esta Nueva-España, y Presidente
de la Real Audiencia de ella, &c.

CONSIDERANDO SER MVY CONVENIENTE
para la mas prompta inteligencia, y breve expedicion
de los negocios que occurren à mi Superior Govier-
no que en las Cartas, y Consultas que sobre qualquier materia se me hizieren, se ponga al margen de cada vna, con la
mayor concision, y claridad, el assumpto de que tratan, de
la misma forma que se haze en las que se escriven al Real, y
Supremo Consejo de las Indias, teniendo presente la Ley que
previene el modo de hazerlo

que precissa, è inviolablemente lo practique, y execute assi
en todas las ocasiones que se ofrescan. Mexico, y Henero
veinte y cinco de mil setecientos y veinte y siete años.

El Marq de Casafuerte

Por md. de su Exa.
Joseph Ma. de Moran

PAra que en el margen de las Cartas, y Consultas q̃ se hizieren à V. Ex. se põga clara, y concisamente el negocio
de que tratan, en la forma que previene este despacho.

88

ORTOGRAFÍA

El documento de la página anterior es la carta de un virrey de la Nueva España. Fue escrita hace más de 250 años. En aquel momento, la manera de escribir era diferente a la que conocemos. Con el tiempo, la ortografía de algunas palabras ha cambiado.

■ Revisa con mucho cuidado el documento y fíjate cómo está escrito.

■ Aquí están algunas de las palabras que tenían una ortografía diferente. ¿Te recuerdan palabras conocidas? Anota en las líneas cómo se escriben ahora.

Cavallero _____   prompta _____

Henero _____   qualquier _____

Magestad _____   assumpto _____

Exercitos _____   occurren _____

escriven _____   execute _____

■ Antes se escribía *hazer* y ahora *hacer*. ¿Cómo crees que se escribía *hicieren* y *hacerlo*?

_____

Busca esas palabras en la carta del virrey y revisa si son como tú lo imaginaste.

■ Fíjate en las siguientes palabras: *España*, escriven y presente

¿En qué se parecen? ¿Cómo se escriben ahora?

¿Cómo escribes las siguientes palabras?

Consultas _____   Consejo _____

fobre _____   precissa _____

misma _____   afsi _____

■ Antes se usaba la *v* en lugar de la *u*. Busca en el texto tres palabras que se escribían con *v* en lugar de *u* y tres que sean iguales que ahora. Subráyalas.

■ Otra diferencia en la ortografía es el uso de los acentos. Las siguientes palabras que están en el documento no llevaban acento. Léelas y acentúalas como se hace ahora.

Alcantara   *Capitan*   *Exercitos*   expedicion

concifion   Mexico   affi   mas

■ Vuelve a leer toda la carta. Ahora podrás entenderla mejor.

> **En las cartas que se dirigen a las oficinas públicas es necesario poner en la parte de arriba de la hoja una nota con lo más importante del documento. Esa información se pone después de la palabra ASUNTO. Una carta formal para solicitar trabajo podría empezar así:**
>
> México, D.F., 7 de agosto de 1994.
>
> ASUNTO: Se solicita trabajo.
>
> Sra. Guadalupe Díaz:

■ La carta del virrey se refiere precisamente a la necesidad de indicar, en forma resumida, de qué tratan las cartas. Vuelve a leerla y platica con tus compañeros desde cuándo es necesario poner esa nota y para qué sirve.

■ Revisa la carta del "hombre mosca" y subraya la parte donde se resume el asunto del que trata la solicitud.

ESCRITURA DE UNA CARTA

■ Discutan sobre alguna actividad que les gustaría realizar para la que necesiten escribir una carta formal. Por ejemplo:

• Pedirle permiso al director para visitar algún lugar cercano a la escuela.
• Informar a los maestros de la escuela que sus alumnos deben utilizar los libros que tienen en la Biblioteca de Aula así como los de la Biblioteca Escolar.

■ Decidan a quién le van a escribir, qué le van a decir y cómo van a explicarle lo que quieren. Redacten una carta de acuerdo con el siguiente esquema:

Lugar y fecha	*Tula, Hgo., 3 de mayo de 1994.*
Asunto	*ASUNTO: Se solicita…*
Nombre y cargo de la persona a quien se dirige la carta	*Prof. Andrés Ruiz* *Director de la escuela primaria* *"Miguel Hidalgo"* *Presente*
Presentación	*Debido a la necesidad que…*
Petición	*Por tal motivo le solicitamos…*
Agradecimiento	*Le agradecemos mucho que…*
Despedida	*Atentamente.*
Nombre y firma de quien envía la carta	*Los alumnos de…*

■ Al terminar la carta, léanla para ver si se entiende y si está completa. Revisen el anexo "Más ideas para revisar tus escritos".

LAS PALABRAS Y SU SIGNIFICADO

■ Hay palabras que tienen diferentes significados. Observa las siguientes oraciones y busca en el diccionario la palabra "pena". Escribe qué significa en cada una de ellas.

Nos da mucha pena que Paco parezca un prisionero de guerra.
Con grandes penas y fatigas ganamos el juego.
A Toño le imponen una pena cuando se va a la avenida.

■ Escribe en tu cuaderno las oraciones y remplaza la palabra "pena" por algún sinónimo.

■ Une cada oración con el sinónimo que podría sustituir al verbo "pegar".

La pelota pegó en el vidrio y lo rompió.   golpear
Le pegaron el sarampión al niño.   acercar
Luis pegó el mueble a la pared.   contagiar

■ Escribe en tu cuaderno otros ejemplos semejantes.

SOL DE MONTERREY

Alfonso Reyes

No cabe duda: de niño,
a mí me seguía el sol.

Andaba detrás de mí
como perrito faldero;
  despeinado y dulce,
  claro y amarillo:
  ese sol con sueño
  que sigue a los niños.

Saltaba de patio en patio,
se revolcaba en mi alcoba.
Aún creo que algunas veces
lo espantaban con la escoba.
Y a la mañana siguiente,
ya estaba otra vez conmigo,
  despeinado y dulce,
  claro y amarillo:
  ese sol con sueño
  que sigue a los niños.

  (El fuego de mayo
  me armó caballero:
  yo era el Niño Andante,
  y el sol, mi escudero.)

Todo el cielo era de añil;
toda la casa, de oro.
¡Cuánto sol se me metía
por los ojos!
Mar adentro de la frente,
a donde quiera que voy,
aunque haya nubes cerradas,
¡oh cuánto me pesa el sol!
¡Oh cuánto me duele, adentro,

esa cisterna de sol
que viaja conmigo!
Cada ventana era sol,
cada cuarto era ventana.
Yo no conocí en mi infancia
sombra, sino resolana.

Los corredores tendían
arcos de luz por la casa.
En los árboles ardían
las ascuas de las naranjas,
y la huerta en lumbre viva
se doraba.
Los pavos reales eran
parientes del sol. La garza
empezaba a llamear
a cada paso que daba.

Y a mí el sol me desvestía
para pegarse conmigo,
  despeinado y dulce,
  claro y amarillo:
  ese sol con sueño
  que sigue a los niños.

Cuando salí de mi casa
con mi bastón y mi hato,
le dije a mi corazón:
—¡Ya llevas sol para rato!—
Es tesoro —y no se acaba:
no se me acaba— y lo gasto.
Traigo tanto sol adentro
que ya tanto sol me cansa.
Yo no conocí en mi infancia
sombra, sino resolana.

Ocho

INTERPRETACIONES DEL TEXTO

El poema que acabas de leer fue escrito por Alfonso Reyes, un escritor mexicano nacido en Monterrey.

■ Lee otra vez el poema; hazlo lentamente, imaginando que eres el niño Alfonso y que te sigue el sol.

■ Lee este fragmento:

Traigo tanto sol adentro
que ya tanto sol me cansa.
Yo no conocí en mi infancia
sombra, sino resolana.

■ Trata de explicar cuál es la diferencia entre sombra y resolana.

¿Por qué en el poema Alfonso Reyes dice que no conoció la sombra? ¿Será verdad que no la conoció? ¿Será que el sol en Monterrey es tan brillante que el poeta no recuerda las sombras?

■ El poeta juega con el lenguaje, haciendo combinaciones poco comunes entre las palabras. Uno de estos juegos consiste en hablar de un objeto como si fuera otro. En su poema, Alfonso Reyes se refiere al sol como si fuera un ser vivo. Fíjate en estos versos:

Andaba detrás de mí
como perrito faldero;

¿Con qué ser vivo lo compara? Busca otras partes del poema donde vuelva a comparar al sol con ese animal.

■ Se copiaron de un diccionario las definiciones de dos palabras que aparecen en el poema. Lee con atención los versos donde se encuentran esas palabras y contesta las preguntas.

¡Oh cuánto me duele, adentro,
esa cisterna de sol
que viaja conmigo!

> **cisterna** f. Depósito bajo la tierra donde se almacena el agua llovediza o la que se lleva de algún río o manantial.

¿La cisterna será un depósito de agua o un depósito de sol? ¿Dónde está ese depósito? ¿Estará bajo la tierra? ¿Por qué el poeta dice que viaja con él?

En los árboles ardían
las ascuas de las naranjas,
y la huerta en lumbre viva
se doraba.

> **ascua** f. Trozo de madera ardiendo, sin llama; por ejemplo, el carbón.

Aquí las naranjas son ascuas. ¿Qué tienen en común las naranjas y las ascuas? ¿Su olor, su sabor, su color? Si las ascuas son naranjas, ¿crees que la huerta se incendiaba de verdad?

■ Lee en tu libro de *Lecturas* el poema "Espiral", de Octavio Paz. ¿Qué comparaciones hace el autor al hablar de la espiral?

ESCRIBE VERSOS

■ Lee el siguiente fragmento del poema "Sol de Monterrey":

despeinado y dulce,
claro y amarillo:
ese sol con sueño
que sigue a los niños.

■ Tú y tus compañeros también pueden hacer versos y crear poemas colectivos. Formen tres equipos y sigan las instrucciones:

• Decidan qué cosa o animal van a describir. Puede ser el mar, la lluvia, las nubes, una mesa, un pato o lo que ustedes quieran. Hasta las cosas más comunes pueden verse diferentes por medio de la poesía.

• El equipo 1 contesta a la pregunta ¿cómo es? o ¿cómo está?, y escribe una lista de diez pares de adjetivos. Si fuera el pato lo que se va a describir, los adjetivos podrían ser:

blanco y solo   húmedo y volátil
largo y silencioso   madrugador y vivaz

• El equipo 2 completa la frase "Ese pato con...", y escribe una lista de diez respuestas. Por ejemplo:

miedo   talento   sueño   necesidad

• El equipo 3 contesta la pregunta ¿qué hace?, y escribe una lista de diez respuestas. Por ejemplo:

danza sobre espejos de luna   muere con alma de pescado
vuela día y noche   mira sin ver

■ Para cada respuesta procuren utilizar palabras o expresiones que puedan aplicarse a otras cosas.

■ Reúnan las respuestas de cada uno de los equipos y combínenlas. Por ejemplo:

Blanco y solo
húmedo y volátil
Ese pato con talento
danza sobre espejos de luna

■ Con las estrofas construyan algunos poemas. Elijan los mejores para hacer una antología.

ORTOGRAFÍA

■ Fíjate en las palabras de cada uno de los siguientes pares y observa cuál es la diferencia entre ellas. Búscalas en el diccionario y compara su significado. Recuerda que los verbos deben buscarse en infinitivo.

deshechos/desechos   herrar/errar

hasta/asta   habría/abría

horca/orca   hizo/izo

hora/ora   honda/onda

> **Aunque estas palabras se pronuncian igual, su significado es diferente; por ejemplo, "deshecho" significa que algo ha sido destruido, y "desecho" quiere decir desperdicio. La diferencia gráfica es que una de ellas tiene h y la otra no. Estas palabras son homófonas.**

■ Las siguientes oraciones podrían ser títulos de libros, cuentos, artículos de revista o noticias de periódico. Léelos con cuidado y elige la palabra correcta en cada caso.

Cómo aprovechar los _____ de la casa.
(deshechos/desechos)

Al chocar, dos autos quedaron _____.
(deshechos/desechos)

El caballo que no se dejaba _____.
(errar/herrar)

López dejó de _____ los tiros y ganó el partido.
(errar/herrar)

De la tierra _____ el cielo: un viaje increíble.
(asta/hasta)

La bandera tiene el _____ rota.
(asta/hasta)

Con más suerte le _____ ganado, dijo el excampeón.
(abría/habría)

El enigma de la puerta que no se _____.
(abría/habría)

■ Compara tu trabajo con el de algún compañero. Si hay diferencias cada uno explique cómo resolvió el ejercicio.

■ Escribe en tu cuaderno algunas oraciones con cada uno de los siguientes pares de homófonas. Si es necesario, busca su significado en el diccionario. Fíjate cómo la *h* modifica el significado de las palabras.

hato/ato   huso/uso

haya/aya   hecho/echo

hablando/ablando   has/as

hizo/izo   hojear/ojear

ha/a   hay/ay

hola/ola   haré/aré

POESÍA POPULAR

Algunos textos poéticos populares narran situaciones llenas de exageraciones, como "El piojo". Léelo y diviértete.

El piojo

El lunes me picó un piojo
y hasta el martes lo agarré;
para poderlo lazar,
cinco reatas reventé.

Para poderlo alcanzar
ocho caballos cansé;
para poderlo matar,
cuatro cuchillos quebré.

Para poderlo guisar
a todo el pueblo invité;
de los huesos que quedaron
un potrerito cerqué.

De camino para León
iba con un zapatero,
y ya me daba el ingrato
veinte reales por el cuero.

El cuerito no lo vendo,
lo quiero para botines,
para hacerles su calzado
a toditos los catrines.

El cuerito no lo vendo,
lo quiero para tacones,
para hacerles su calzado
a toditos los mirones.

■ Seguramente tú conoces algunos ejemplos de exageraciones, como los chistes. Escríbelos en tu cuaderno y muéstralos a tus compañeros. Fíjate en este ejemplo:

Esta era una casa tan chiquita, tan chiquita, que cuando entraba el sol se tenían que salir sus habitantes.

■ La poesía popular casi siempre es anónima, es decir, no se sabe quién es el autor y se presenta en distintas formas: coplas, refranes, adivinanzas, etcétera. Lee con mucha atención los siguientes textos:

1. Yo tenía un gato
y se me engaturi-bituri-pingüiri-zó,
y el que me lo desengaturi-bituri-pingüiri-zare
será muy buen
desengaturi-bituri-pingüiri-zador.

2. Llegó la gran ocasión
a divertirse de veras.
Van a hacer las calaveras
su fiesta en el panteón.

3. El flojo y el mezquino
andan dos veces el camino.

4. Dos hermanas diligentes
que caminan al compás,
con el pico por delante
y los ojos por detrás.

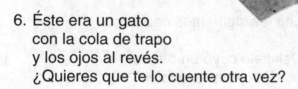

5. En la esquina de mi patio
tengo un pedazo de ocote
para acordarme de ti,
que pareces guajolote.

6. Éste era un gato
con la cola de trapo
y los ojos al revés.
¿Quieres que te lo cuente otra vez?

■ Escribe en las líneas los números que correspondan al tipo de texto:

Adivinanza _____   Copla _____

Refrán _____   Trabalengua _____

Cuento de nunca acabar _____   Calavera _____

INVESTIGACIÓN

Los textos con los que acabas de trabajar te van a servir para hacer una recopilación de poesía popular y organizar, junto con tus compañeros, una antología.

■ Lleva este libro a tus vecinos y familiares, y léeles los textos.

• Si ellos conocen otras coplas, adivinanzas, trabalenguas y refranes, pide que te los dicten.

■ Trae al salón todos los textos que hayas recopilado. Organízalos con tus compañeros y hagan una antología.

• Seleccionen los que más les gusten.
• Clasifíquenlos por tipo de texto.
• Antes de hacer la versión definitiva de su antología, revisen el anexo "Más ideas para revisar tus escritos".
• Copien las versiones seleccionadas en hojas sueltas o en un cuaderno.

COPLAS

■ Muchas coplas populares empiezan de manera muy parecida. Aquí hay tres ejemplos:

Vuela, vuela palomita…

Ya con ésta me despido…

Del cielo cayó un pañuelo…

¿Conoces otros inicios? ¿Cuáles?
¿Qué inicios se repiten en la antología que preparaste junto con tus compañeros?

■ Lee las siguientes coplas:

Del cielo cayó un pañuelo
bordado con caracoles
ve a decirle a Rufina
que le atice a los frijoles.

Del cielo cayó un pañuelo
bordado de mil colores
me lo manda una costeña
pa' limpiarme los sudores.

CANCIONERO MEXICANO

❧

Varios autores

EDITORIAL TRILLAS

YO VOY SOÑANDO CAMINOS

❧

Antonio Machado

PATRIA-CNCA

LLAMO A LA LUNA SOL Y ES DE DÍA

❧

Antología

SEP-TRILLAS

■ Para hacer más divertidas las coplas, se pueden modificar utilizando nombres de personas que conocemos. Fíjate lo que se cambió en la primera copla:

Del cielo cayó un pañuelo
bordado con <u>lentejuelas</u>
ve a decirle a <u>Antonio</u>
que <u>tiene rotas las suelas</u>.

■ Busca coplas en los materiales de la Biblioteca de Aula o de la Biblioteca Escolar y adáptalas usando nombres de tus compañeros. Escríbelas en tu cuaderno. Recuerda que el segundo y cuarto versos deben rimar.

■ También puedes hacer rimas con los nombres de tus amigos y el nombre de una cosa. Ejemplo:

Yo le doy a Martín   Ya le dije a Paula
de regalo un calcetín.   que se salga de la jaula.

■ Escribe rimas con los nombres de cinco compañeros y comparte tu trabajo con el grupo.

CONSTRUYE VERSOS

Si juegas con el lenguaje puedes crear imágenes insólitas o fantásticas. Prueba y diviértete con los resultados que obtengas. Fíjate en las instrucciones y usa tu imaginación.

■ Formen dos equipos:

• El equipo 1 enlistará algunos objetos que se encuentren en el salón (lápiz, libro, cuaderno, goma o pizarrón) y les agregará un adjetivo. Por ejemplo:

un lápiz roto
un cuaderno arrugado
una goma borrosa
un pizarrón cuadriculado

• El equipo 2 hará una lista con nombres de animales y les añadirá un adjetivo. Por ejemplo:

un elefante escandaloso
un cerdo llorón
una vaca cansada
un canguro dormilón

¡Cuidado! El equipo 1 no debe usar adjetivos que puedan quedarle a los animales, y viceversa.

• Los dos equipos se reunirán para intercambiar los adjetivos de sus descripciones. De esta manera, quedarán textos como los siguientes:

un lápiz escandaloso
un cuaderno llorón
una goma cansada
un pizarrón dormilón

un elefante roto
un cerdo arrugado
una vaca borrosa
un canguro cuadriculado

• Estas frases pueden ser complementadas o combinadas con otras y crear poemas divertidos.

■ Reúnan los textos que hicieron. Léanlos en voz alta y seleccionen aquellos que les gusten más. Incorpórenlos a su antología.

El significado de la preposición *a* depende de las palabras que enlaza. Por ejemplo:

El niño nació <u>*a* las ocho de la noche.</u>

En este caso, *a* introduce la idea de tiempo.

■ Une cada significado con el ejemplo que le corresponda.

Lugar hacia donde alguien
se dirige.

Escribe *a* máquina.

Momento en que se realiza una
acción.

Arroz *a* la mexicana.

Medio con el que se realiza
una acción.

Voy *a* Chihuahua.

Manera en que está hecho algo.

Llegó *al* amanecer.

> Cuando la preposición **a** va seguida del artículo **el**, se transforma en **al**. Por ejemplo: Fue a el patio ———➤ Fue al patio.

■ Encuentra los significados de las preposiciones *desde* y *hacia* relacionándolas con los ejemplos:

Lugar de donde viene
algo o alguien.

Pantalones
desde $50.00

Momento aproximado
en que ocurre algo.

Corrimos *hacia*
la casa.

Momento en que da
inicio una acción.

Vengo *desde*
Guadalajara.

Lugar a donde se dirige
algo o alguien.

Estamos aquí
desde anoche.

Cantidad que se da
como punto de partida
de una serie de valores.

Los niños llegaron
hacia las tres
de la tarde.

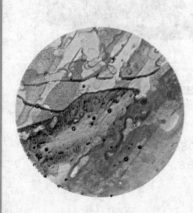

■ Escribe en tu cuaderno varias oraciones en las que uses las preposiciones *a*, *desde* y *hacia*, con sus distintos significados.

BASTA DE PALABRAS

¿Sabes jugar *Basta*? Ahora vas a jugar, pero de una manera diferente a como lo has hecho. Organiza un equipo con cuatro o cinco compañeros.

■ Cada uno prepare en su cuaderno cuatro columnas: una para las palabras agudas, otra para las graves, otra para las esdrújulas y una más para anotar el total de puntos que obtengan.

■ Uno de ustedes pensará el abecedario. Cuando lo interrumpan diciendo ¡basta!, indicará en qué letra se quedó. Todos deberán escribir una palabra aguda, una grave y una esdrújula que inicie con la letra que dijo su compañero.

> Recuerda que la sílaba tónica es la que suena más fuerte. En las palabras agudas es la última, en las graves es la penúltima y en las esdrújulas es la antepenúltima.

■ Revisen las palabras que escribieron. Las que estén en la columna que corresponda de acuerdo con su sílaba tónica, valen un punto; si la palabra lleva acento escrito y está colocado correctamente, tienen un punto extra. Las palabras que estén en una columna que no les corresponda, no valen nada. Gana el niño que acumule más puntos. Observen el ejemplo:

palabras agudas	palabras graves	palabras esdrújulas	total
pantalón (2 puntos)	pantalla (1 punto)	pícaro (2 puntos)	5
cazador (1 punto)	color (0 puntos)	calido (1 punto porque no tiene el acento)	2

¡PIRATAS A LA VISTA!*

En la época de la Colonia, piratas de distintas nacionalidades atacaban las ciudades de las costas americanas. Los puertos de Panamá, Acapulco, Veracruz y el famoso fuerte de San Juan de Ulúa fueron invadidos en innumerables ocasiones, aunque ninguno fue tan asediado por los piratas como el de Campeche; hubo tantos saqueos a esta villa que sus habitantes levantaron una muralla de ocho metros de altura a su alrededor.

¿Pero de dónde salían tantos piratas? A partir de la Conquista, los españoles empezaron a descubrir en nuestro continente riquezas nunca soñadas. En Perú encontraron minas repletas de toda clase de metales valiosos; en México, plata, oro y piedras preciosas, y en las islas del Caribe, tierras fértiles en las que crecían especias y otras rarísimas plantas, como el tabaco, que los españoles no conocían. Movidos por la curiosidad y la codicia, los conquistadores se llevaban todas estas riquezas en sus barcos. Fue así como España se convirtió, de la noche a la mañana, en el país más grande y rico del mundo.

En aquel tiempo Francia e Inglaterra tenían grandes problemas políticos, comerciales y religiosos con España. Además veían con envidia cómo obtenían las riquezas procedentes de América sin compartirlas con ellos. ¿Cómo apropiarse de esos tesoros? ¡Con barcos, claro!

Pero Francia e Inglaterra eran países pobres en esa época y no tenían naves propias. Por esta razón resolvieron firmar pactos con aquellos capitanes de barcos que, deseosos de aventuras y riquezas, quisieran cruzar el mar y atacar los navíos hispanos. De esta manera, mientras los conquistadores españoles se apoderaban de las riquezas de América, los piratas se las quitaban. Cuando estos piratas regresaban a Europa, entregaban el botín a su rey y éste les cedía una parte. Además de apoderarse de los tesoros de los barcos que cruzaban el océano, los piratas también invadían las ciudades de las costas, donde los españoles almacenaban sus mercancías para embarcarlas rumbo a España.

A nadie extrañaba que Campeche fuera el puerto más asediado por los piratas: como esta villa era el punto de entrada y salida de los productos de toda la región, se prestaba a que los piratas la atacaran con gran facilidad. Por otra parte, entre sus habitantes había muchos comerciantes y propietarios capaces de pagar buenos rescates por su libertad cuando eran secuestrados. Por todo esto, Campeche era una buena presa para los piratas; en su mar y en su tierra se llevaron a cabo tremendas batallas en las que no siempre triunfaron los piratas.

Uno de los primeros ataques a este puerto fue el que tuvo lugar el 7 de julio de 1561. En esa ocasión, 30 franceses robaron y quemaron la villa durante la noche. Los campechanos huyeron al monte, pero al día siguiente algunos vecinos y soldados se agruparon y dieron alcance a los piratas, matando a unos 15 y tomando prisioneros a otros cinco, mientras los demás se daban a la fuga.

El 21 de septiembre de 1597, William Parker y sus piratas lograron entrar al centro de Campeche, quemando, saqueando y obligando a la gente a darles información sobre sus tesoros escondidos. Los campechanos reaccionaron y, después de 17 días de lucha, encarcelaron a muchos piratas. William Parker se vio obligado a huir dejando en tierra gran parte del botín y uno de sus barcos en poder de los españoles.

El 11 de agosto de 1633, el famoso y temido pirata holandés Cornelio Jol, *Pie de palo*, junto con Diego, *El mulato*, atacó con 500 hombres la villa de Campeche. Los atacantes eran de varias nacionalidades: holandeses, ingleses, franceses y portugueses. Luego de estos acontecimientos el entonces gobernador Peñalva mandó construir unas trincheras que iban desde el fuerte de San Benito hasta el lomerío. Pensó que con esto la población estaría a salvo de los piratas, pero no fue así.

El 9 de febrero de 1663, el inglés Mansvelt atacó Campeche con mil 200 hombres, destruyó la villa y se adueñó de todo lo valioso que encontró. También en 1663, el sanguinario pirata Bartolomé, *El portugués*, atacó una hacienda cercana a la villa. Fue tomado preso y condenado a la horca, pero consiguió escapar lanzándose al mar. Ante estos sucesos el gobierno de Campeche decidió hacer nuevas trincheras en la villa, tanto por San Román, por donde había entrado el enemigo esta última vez, como por San Francisco, por donde entró la vez anterior.

Lewis Scott fue el primer pirata que efectuó incursiones por tierra en Campeche. En 1678 consiguió ocupar la villa y logró, entre otras muchas cosas, un botín de seis cajas de plata de los fondos de la Real Hacienda. Este ataque determinó al entonces gobernador de la provincia, Antonio Layseca y Alvarado, a proponer al rey, dos años más tarde, la circunvalación total de la villa con una muralla. En 1685 el temido pirata Laurent de Graff, también conocido como *Lorencillo* o *El Conde*, ocupó la villa y otros veinte pueblos de la zona durante 56 días. El asalto de *Lorencillo* fue decisivo para seguir adelante con el proyecto original de Antonio Layseca. El 3 de enero de 1686 se pusieron los primeros cimientos para rodear la villa con una muralla que debía incluir ocho **baluartes** y cinco puertas. En 1704 se completó la defensa de Campeche y desde entonces fue impenetrable.

Esta obra pasó a la historia como un ejemplo importante de la arquitectura militar de aquella época.

*Texto elaborado a partir de las lecturas indicadas en la bibliografía.

Nueve

INTERCAMBIO DE IDEAS

■ Discute con tus compañeros el texto "¡Piratas a la vista!".

¿Por qué había tantos piratas en aquel tiempo?
¿Por qué atacaban tan frecuentemente el puerto de Campeche?
¿Cuántos ataques a Campeche se mencionan y qué se hizo para contrarrestarlos?
¿Cuál de todos los piratas les impresionó más? ¿Por qué?
Narren algún cuento de piratas que conozcan.

LAS PARTES DEL TEXTO

■ El texto puede ser dividido en los siguientes temas y subtemas. Escribe en las líneas el número de los párrafos que corresponde a cada uno. Fíjate en los ejemplos.

TEMA:	Los piratas en América.	1 al 5
SUBTEMAS:	Ataques en los puertos.	
	El enriquecimiento de España.	2
	Conflictos de los españoles con otros países.	
	Francia, Inglaterra y los piratas.	
TEMA:	La piratería en Campeche.	
SUBTEMAS:	Características del puerto campechano.	
	Historia de los ataques a Campeche.	

■ Compara tu trabajo con el de un compañero. Si hay diferencias, discutan a qué párrafo corresponde cada tema o subtema.

CAUSAS Y CONSECUENCIAS

■ A continuación encontrarás el resumen de varios sucesos que se mencionan en "¡Piratas a la vista!". Numéralos de acuerdo con el orden en que aparecen en el texto. Fíjate en el ejemplo.

_____ Los franceses y los ingleses firmaron pactos con los piratas para que asaltaran los barcos y las colonias españolas.

__1__ Los conquistadores españoles se llevaban las riquezas de América.

_____ Francia e Inglaterra querían apoderarse de las riquezas que España sacaba de sus colonias.

_____ Por eso tuvieron lugar muchas batallas entre piratas y campechanos.

__2__ España se convirtió en el país más rico del mundo.

_____ Campeche era un puerto muy atractivo para los piratas por sus mercancías, sus habitantes y su ubicación.

■ Copia en tu cuaderno el siguiente cuadro. En él vas a clasificar los sucesos anteriores en causas y consecuencia. Si te fijas en el ejemplo, el suceso número 1 es la causa del suceso número 2. Y a su vez, el suceso número 2 es la consecuencia del suceso número 1.

CAUSAS	CONSECUENCIAS
Los conquistadores españoles se llevaban las riquezas de América.	España se convirtió en el país más rico del mundo.

■ A partir del párrafo 6, clasifica las causas y las consecuencias de los sucesos que se mencionan. Hazlo con el menor número de palabras que puedas. Fíjate en el ejemplo

CAUSAS	CONSECUENCIAS
El 7 de julio de 1561, 30 piratas franceses atacaron la villa.	Los campechanos los persiguieron. Mataron a 15, apresaron a cinco y los otros huyeron.

- Con ayuda de tu cuadro redacta un resumen. Para relacionar las causas con las consecuencias puedes utilizar las siguientes expresiones: *como, puesto que, por eso, por tal motivo, entonces, por consiguiente, así.* Ejemplo:

> *Como* los colonizadores españoles se llevaban las riquezas de América, España se convirtió en el país más rico del mundo. Francia e Inglaterra querían apoderarse de las riquezas que España sacaba de sus colonias, *por eso...*

TEXTOS DEL PERIÓDICO

En los ejercicios anteriores trabajaste con un texto que narra hechos ocurridos en un pasado lejano. Ahora trabajarás con sucesos que ocurrieron recientemente.

- Lee los siguientes textos periodísticos publicados en 1993 e identifica la información que tienen en común.

El mexicano Daniel García gana el oro en Centroamericanos

Ponce, Puerto Rico, 23 de noviembre. ■ Con un tiempo de 1:26:22, el marchista Daniel García ganó la medalla de oro para México en la jornada inaugural de atletismo de los XVII Juegos Centroamericanos y del Caribe.

Daniel García cumplió en los 20 kilómetros de caminata

Ponce, Puerto Rico, 23 de noviembre. ■ Paso firme el de Daniel García: su sincronización es perfecta, acompasados sus movimientos de brazos y piernas, el ritmo preciso, el gesto fiero, la mirada decidida, la respiración pedregosa y ese andar chistoso de todos los marchistas.

Y así, con esa decisión, entra al estadio y por nuestras mentes pasa el gris recuerdo de Stuttgart —cuando iba en segundo lugar y fue descalificado a 300 metros del final— pero no, ahora será diferente. En efecto: después de una hora, 26 minutos y 22 segundos obtendrá la primera medalla de oro para México durante la jornada inaugural de atletismo en los XVII Juegos Centroamericanos y del Caribe.

—¿A qué sabe el triunfo, Daniel?

—Es muy bonito, es algo que se siente de adentro hacia afuera.

El tiempo no fue bueno pero lo importante es que con esta medalla se espera que el resto de los atletas mexicanos se motive.

> En la **crónica periodística** se da información detallada sobre cómo fue ocurriendo un suceso. Es un tipo de escrito más extenso y rico que la noticia porque, además de los datos principales (qué, quién, cuándo y dónde), se agregan comentarios del redactor que complementan la información.

■ Responde las siguientes preguntas:

¿Cuál de los dos textos periodísticos es una crónica?
¿Qué acontecimiento importante recuerda el cronista que le sirve para completar la información de su texto? ¿Qué otros detalles se dan? ¿Cuál es la declaración que hizo el atleta?

■ En la sección deportiva de un periódico busca algunas noticias y crónicas. Léelas y coméntalas con tu grupo.

ELABOREN UN PERIÓDICO ESCOLAR

■ Armen entre todos un periódico para comunicar los acontecimientos interesantes que ocurren en su escuela: lo chistoso, lo increíble, lo que les gustó y lo que no les gustó. Pueden escribir noticias, crónicas o entrevistas sobre los hechos del lugar donde viven: ceremonias escolares, eventos deportivos o comentarios de los libros que han leído, para recomendarlos a los demás. También pueden colocar una sección de avisos clasificados, ofreciendo servicios, ventas de objetos, etcétera. Agreguen fotos o dibujos para ilustrar sus notas. Recuerden que antes de elaborar sus textos pueden consultar el anexo "Más ideas para redactar". Decidan cada cuánto tiempo van a elaborar su periódico.

ACERCA DE LA LENGUA

En este ejercicio te darás cuenta que las lenguas cambian según el tiempo y el lugar en que se hablan. Además pueden presentar variaciones dependiendo de quién las utilice.

■ El siguiente fragmento está escrito en el español que se usaba en España en el siglo X, es decir, hace mil años. Léelo en voz alta y subraya las palabras que puedas entender.

[…] qual dueno get ena honore, e qual duenno tienet ela mandatione […] Facanos Deus omnipotens tal serbitjo fere ke denante ela sua face gaudioso segamus.

¿Entendiste de qué trata? Tal vez pudiste entender algunas palabras, pero resulta más difícil comprenderlo. Como ves, la lengua de aquella época es tan distinta a la que usamos ahora, que si quisieras platicar con una persona que utilizara el español del siglo X, necesitarías un traductor.

■ El texto que sigue es menos antiguo que el anterior; se trata de un fragmento de *El cantar de Mío Cid* que fue escrito en el siglo XII, es decir, hace 800 años. Para que tengas una idea de los cambios que ha habido, compara línea por línea el español antiguo con el español actual.

ESPAÑOL DEL SIGLO XII	ESPAÑOL ACTUAL
Delos sos oios tan fuerte mientre lorando, tornaua la cabeça et estaua los catando. Vio puertas abiertas et vcos sin cañados, alcandaras uazias sin pielles et sin mantos e sin falcones et sin adtores mudados.	De sus ojos tan fuertemente llorando, volvía la cabeza y los estaba mirando. Vio puertas abiertas y rejas sin candados, perchas vacías sin pieles y sin mantos y sin halcones y sin azores mudados.

■ Localiza las siguientes palabras en el texto en español antiguo y escribe en las líneas lo que quieren decir en el español actual.

sos _____   vcos _____

oios _____   cañados _____

lorando _____   pielles _____

catando _____   falcones _____

> **El español no ha sido siempre como es ahora, y en el futuro seguirá transformándose. En realidad nuestro idioma, igual que todas las lenguas, está en constante cambio. Este tipo de variaciones son muy lentas, por eso, en la vida de una persona son casi imperceptibles.**

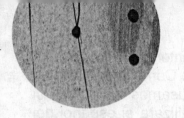

- Las variaciones de una lengua en el tiempo pueden ser de muchos tipos. Por ejemplo, dejan de usarse algunas palabras, se incorporan otras o se pone de moda hablar de cierta manera. Las siguientes palabras son un ejemplo de esto. Es posible que tú no las conozcas, porque han dejado de usarse, pero tus padres o tus abuelos sí. Investiga con ellos su significado.

ruletero droguería jaletina santiamén tostón

variations/changes

- Se pueden presentar variaciones en la lengua que dependen de la edad de quien la habla. Lee las siguientes expresiones y piensa quién podría decirlas: un anciano o un joven.

¡Qué milagro! ¿Cómo te va? ¡Qué onda! ¿Cómo vas?
¿Y tus papás?   ¿Y tus jefes?

- Observa la manera como hablan los ancianos que conoces y como hablas tú. Contesta en tu cuaderno lo siguiente:

¿Puedes dar algunos ejemplos de expresiones que tú digas y que los adultos no utilicen?

> **Una lengua también cambia dependiendo del lugar en que se habla. A esas variaciones se les llama regionalismos y pueden ser de distinto tipo; por ejemplo, se utilizan palabras y expresiones diferentes o cambia la entonación y la pronunciación.**

- Lee el fragmento del cuento "Los fugitivos", escrito por el cubano Alejo Carpentier. Fíjate en las palabras subrayadas.

En los primeros días Perro y <u>Cimarrón</u> echaron de menos la seguridad del <u>condumio</u>. Perro recordaba los huesos, vaciados por cubos, en el <u>batey</u>, al caer la tarde. Cimarrón añoraba el <u>congrí</u>, traído en cubos a los <u>barracones</u>, después del toque de oración o cuando se guardaban los tambores del domingo. Por ello, después de dormir demasiado en las mañanas, se habituaron a ponerse a la caza desde el alba. Perro olfateaba una <u>jutía</u> oculta entre las hojas de un cedro; Cimarrón la tumbaba a pedradas.

- En la siguiente página encontrarás las definiciones de las palabras subrayadas. Fíjate que algunas de ellas tienen distintos significados. ¿Cuáles son los que corresponden a las palabras del fragmento? Subráyalos.

barracón m. En Cuba, choza grande donde vivían los negros que trabajaban en los ingenios.

batey m. 1. Lugar ocupado por las casas, calderas, almacenes, etc., en los ingenios y fincas de campo de las Antillas. 2. Entre los indígenas llamados caribe, la plaza en que se jugaba a la pelota.

cimarrón, na adj. (*Amér.*) 1. Antiguamente, esclavo negro que escapaba al monte buscando su libertad. 2. Planta o animal silvestre.

condumio m. En Cuba, cualquier cosa guisada que se come con pan.

congrí m. Nombre que se da en el oriente de Cuba a un guisado compuesto básicamente de arroz, frijol negro y otros condimentos.

jutía f. En Cuba y Santo Domingo, mamífero roedor, de cuerpo muy parecido al de la rata, inquieto como la ardilla y de vista privilegiada para ver en la oscuridad. Este animal es muy apreciado por el sabor de su carne.

■ Con la información de las definiciones, contesta en tu cuaderno las siguientes preguntas:

¿Qué palabras pertenecen a la manera de hablar de Cuba?
¿Cuáles pertenecen a la región de las Antillas?
¿Qué palabra pertenece al español que se habla en todo el continente americano? ¿Cómo lo sabes?
¿Qué palabras se usan en varios países de habla española?

■ Investiga cuáles son los países donde se habla español.

■ Dentro de la República Mexicana también existen variaciones en la manera de hablar de las personas, que dependen de la región donde habitan. Lee las siguientes definiciones y subraya la información que te permita saber en qué lugar se usa cada palabra.

cuarro, a adj. En Colima, que le falta o tiene dañada la extremidad inferior o pata. Se aplica indistintamente a personas, animales o cosas: "El perro chato mordió al amarillo y lo dejó cuarro".

chundo, a adj. En Chiapas, persona gorda u obesa: "José está muy chundo" 2. En Guerrero, que carece de algún miembro.

nochar v. En Sinaloa, dormir fuera de casa o a la intemperie.

panucho s. En Yucatán, antojito formado por dos tortillas rellenas de carne picada, frijoles y salsa.

chocolomo s. En Yucatán, platillo típico hecho con carne de res y tomate.

■ Escribe algunas oraciones utilizando las palabras que aparecen arriba.

■ Seguramente tú has escuchado cómo hablan el español personas de otros lugares; por ejemplo, las personas del norte de México no hablan igual que las del sur. Busca algunos ejemplos y comenta con tus compañeros en qué consiste la diferencia.

Otro tipo de variación del lenguaje es el que tiene que ver con la actividad que las personas realizan y se puede observar en las palabras y expresiones que se relacionan con cada ocupación.

■ Elige quién podría haber escrito los textos de abajo y escríbelo en las líneas: un carpintero, un agricultor, un cronistá deportivo, un cocinero, un ingeniero mecánico, un médico o un policía.

Una parte de las vibraciones y sacudidas de un vehículo es absorbida por los neumáticos. Pero esto no es suficiente, por ello se recurre al sistema de las suspensiones, cuyos elementos fundamentales son los muelles y los amortiguadores. Si las ruedas reciben un impacto, los muelles disminuyen el efecto comprimiéndose.

_____

Los tapatíos iniciaron atacando e incluso a los nueve minutos Medina envió un cañonazo que pasó cerca del poste derecho de la meta contraria. Después, Jiménez cobró el tiro de esquina en corto para Hernández, envió el centro a media altura y Fernández se lanzó de palomita para marcar el único tanto del partido.

_____

La erisipela es una infección aguda producida por un tipo especial de estreptococo. La afección se inicia con la inflamación de los ganglios linfáticos. En personas debilitadas pueden producirse complicaciones pulmonares, renales o reumáticas.

_____

En el almácigo se puede sembrar mateado, es decir, de 3 a 5 semillas cada 5 centímetros, o al chorrillo, tirando una línea de semillas. También se puede sembrar directamente donde van a crecer las plantas, ya sea en el surco, el bordo o la cama. Hay algunas plantas como el perejil que se siembran al boleo, sobre la cama.

_____

■ Vuelve a leer los textos y subraya las palabras o expresiones que creas que se utilicen especialmente en las actividades o profesiones de cada persona.

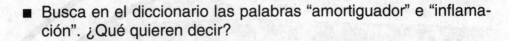

■ Busca en el diccionario las palabras "amortiguador" e "inflamación". ¿Qué quieren decir?

• Observa las abreviaturas que acompañan a cada definición. ¿Con qué actividad se relaciona cada palabra?

■ Tú también usas palabras que se relacionan con la actividad que realizas: ir a la escuela. Imagina que vas a explicarle las siguientes expresiones a un niño que aún no va a la primaria, ¿cómo lo harías? Escríbelo en tu cuaderno.

¡Pasó de panzazo!   ¡Presente, maestra!
¡Se fue de pinta!   ¿Cuánto te sacaste?

■ Escribe otras palabras o expresiones que solamente utilices en la escuela. Compara tu trabajo con el de tus compañeros.

ORTOGRAFÍA

■ Busca en el texto "¡Piratas a la vista!" las palabras que tengan alguna de las siguientes combinaciones de letras: ga, gue, gui, go, gu, ge o gi. En tu cuaderno clasifica esas palabras de acuerdo con la combinación que presenten. Fíjate en el ejemplo:

ga	go	gu	gue	gui	ge	gi
pegar	agosto	ninguno	portugués	seguir	gente	región

■ Tomando en cuenta tu clasificación de palabras, lee y completa la siguiente información:

La letra g representa dos sonidos diferentes: uno, cuando sigue la vocal e o i, como en las palabras _____*gente*_____ y

_____ ; otro, cuando siguen las vocales a, o y u,

como en las palabras _____ , _____ y

_____ . Si se quiere representar este segundo sonido

con las vocales e o i, es necesario agregar una u después de

la g, como en las palabras _____ y _____ ;

en estos casos la letra u no suena. Para que suene se utili-

za diéresis, como en las palabras "güero" y "güiro".

LA LENTE MARAVILLOSA

Emilio Carballido (adaptación)

PRIMER ACTO

ESCENOGRAFÍA: Un jardín público y un rincón del mismo jardín.
Jardín público: fuente grande al fondo, árboles, plantas, bancas.
Un viejo estrafalario camina hacia el frente y se dirige al público.

V I E J O: Amiguitos, muy buenos días. He venido para contarles cuentos maravillosos, pero no sé por cuál empezar. Hay un cuento que a mí me gusta mucho. *(Tose)* Acérquense, para que me oigan mejor. Anden, con confianza.

Salen de la **luneta** *Paco, María, Lola y Juan y se acercan al anciano.*

M A R Í A: ¿De veras podemos sentarnos aquí?

V I E J O: Sí, hijita. Por supuesto. *(Severo)* Pero quietos y sin hacer ruido. *(Se sientan los niños)* Les voy a contar un cuento de animales, y de unos animales ¡terribles!

J U A N: *(Contento)* ¡Leones, tigres!

P A C O: ¡Pan, pan, pan! *(Disparando)*

V I E J O: ¡No! Voy a hablar de unos animales tan chicos, tan chicos que nadie los podía ver, y tan malvados que hacían sufrir a todos.

L O L A: ¿Y nadie podía verlos?

V I E J O: Nadie.

L O S C U A T R O: *(Decepcionados)* Aaah… *(Se ven entre sí)*

P A C O: Pues si no vamos a ver a los animales… *(Quedo)* Vámonos.

J U A N: *(Quedo)* Sí, vámonos. *(Codazo a las niñas)*

Salen corriendo tres de ellos, menos Paco, que se retrasa.

V I E J O: Bueno, pues estos niños no verán los animales.

P A C O: *(Frena)* Ah, ¿pero vamos a verlos?

V I E J O: ¡Claro!

P A C O: ¿Pues no decía usted que no podían verse?

V I E J O: No se pueden ver a simple vista, pero yo soy dueño de unas cosas…

P A C O: ¿Qué cosas?

V I E J O: ¡Lentes!

P A C O: ¿Lentes?

V I E J O: ¡Lentes maravillosas para ver lo invisible! Y entonces, aunque esos animales son tan pequeños, tan pequeños, ¡uno puede verlos!

P A C O: ¿Y me los va a enseñar?

V I E J O: Si tú quieres… ¡Ara zalila balún! *(Relámpagos y oscuridad)*

El viejo saca una gran lente de un saco y la muestra a Paco.

P A C O: Ay, ¿qué es eso que se ve ahí?

V I E J O: ¿Ves qué grande se ve? Más grande que tú. Pues eso… ¡es una gota de agua! Mi lente hace que se vea así de grande.

P A C O: ¿Una gota de agua?

V I E J O: Sí. Y adentro de una gota, ¡mira todo lo que puede haber!

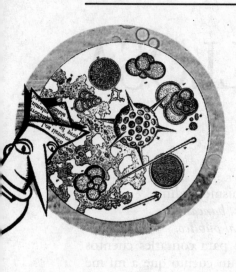

PACO: ¡Sí! ¡Veo figuritas! ¡Pero muy chicas!

VIEJO: Pues imagínate qué tan chicas serán, que caben en una gota de agua. Ahora, ve cómo vuelvo grande una de esas figuritas.

PACO: ¡Ah! ¿Y qué es eso?

VIEJO: Ése es uno de los animales invisibles, pero nadie lo puede ver con los simples ojos. ¿Ves cómo lo hace grande mi lente?

PACO: ¿Ése es un animal?

VIEJO: Sí. También este otro. ¿Sabes qué son? ¡Son microbios!

PACO: ¿Y de veras son malos?

VIEJO: Muy malos. Pueden ser más peligrosos que los leones.

PACO: ¡Qué lástima que no estén mis amigos!

VIEJO: Culpa suya. ¡Alibán zapón pan! *(Relámpago y oscuridad)*

PACO: Oiga, señor: ¿Y no podría prestarme su lente maravillosa?

VIEJO: ¿Y para qué la quieres?

PACO: Haría crecer a los microbios, y se los enseñaría a mis amigos.

VIEJO: ¿Y no te da miedo que crezcan?

PACO: Pues no. Fueran leones…

VIEJO: Pues tú sabes. Te la puedo prestar un rato, pero ten cuidado. Si quieres nada más verlos tú, basta con que veas a través de ella, pero si quieres que todos los vean, deja pasar un poco de luz a través del vidrio. *(Le entrega la lente a* Paco*)* Toma y ten cuidado cómo la usas. *(Sale)*

PACO: Gracias, señor. Gracias. ¡Oiga! ¿Por qué dice que debo tener cuidado? ¡Ya se fue! ¿Y cómo se usará esto?

Entra Juan.

JUAN: ¿Qué pasó? ¿No que no querías oír al viejo?

PACO: ¡Me enseñó cosas muy bonitas! ¡Vi los animales invisibles con una lente que los hace crecer! Y me la prestó.

JUAN: A poco.

PACO: ¡Palabra! Bueno, eso me dijo él.

JUAN: ¡Te ha de haber engañado!

PACO: Pues… *(Desconfía)* Dice que si hacemos que pase la luz… Mira, aquí está dando el sol. Podemos sujetarla aquí, por el mango… A ver, que caiga la luz en la fuente.

JUAN: ¿Qué pasó? No se ve nada. Ningún animal aparece.

PACO: Pues no. Creo que… Oye, ¿qué es eso que se mueve ahí?

Un microbio se asoma y desaparece dentro de la fuente.

JUAN: ¿Dónde?

PACO: Se me figuró… *(Están de espaldas a la fuente, muy cerca)* Pues será que no hay bastante sol. Mira, le da muy bien…

Dos microbios se asoman y estiran las manos para agarrarlos. Los pierden por milímetros.

PACO: Yo creo que esta lente no sirve de nada.

JUAN: Te lo dije.

PACO: No se ve nada. A no ser que estén en el agua. A ver.

JUAN: A ver.

Alarido y carrera, porque ahora sí casi los pescan los microbios, que surgieron repentinamente y con las garras listas.

PACO: ¡Esos han de ser! ¡Por poco nos pescan!

JUAN: ¡Qué feos son! ¡No te asomes! ¡Míralos! Son tan chiquititítos que caben muchos en una gota de agua, pero ahora la lente los hizo crecer.

Los microbios emergen descaradamente. Son cuatro o más si se puede. Son profundamente malvados. Emiten risitas crueles.

BACILO: ¿A dónde rayos se nos escaparon esos niños?

AMIBA: ¡Ya casi los habíamos pescado!

COCO: Pero han de regresar, siempre regresan.

MICROBIO: ¡Claro! ¡Les encanta beber agua puerca!

AMIBA: ¡Bravo! ¡Los enfermaré! ¡Tendrán cólicos y calentura! ¡Tal vez hasta los purguen o los inyecten! *(Ríe a carcajadas)*

BACILO: ¡Mira aquellas dos! ¡Están haciendo tortas de lodo!

MICROBIO: ¡Ojalá que coman dulces con las manos sucias! Porque así estaré listo para acabármelas.

COCO: ¡Tal vez se hagan raspones y se los dejen llenos de mugre! Ahí estaré yo, para hincharlos.

Gritos generales de entusiasmo. Cantan todos, hacen gestos amenazadores y ríen llenos de maldad. Entre gritos y mutuas felicitaciones terminan su numerito.

AMIBA: Yo voy a provocarles cólicos tan fuertes que los enfermitos se van a retorcer como lombrices.

BACILO: Yo los voy a hacer toser sin descanso, hasta que escupan el esqueleto.

PACO: ¿Y ahora qué vamos a hacer? El viejo me dio la lente para hacerlos crecer, pero no me dijo cómo defenderme de ellos.

COCO: ¿Oyeron? Creo que un niño anda por aquí.

JUAN: ¿Ves idiota? ¡Ya te oyeron!

BACILO: ¡Son dos!

PACO: Pues ya te oyeron a ti también.

MICROBIO: Listos para el asalto ¡Nadie va a poder detenernos!

AMIBA: Dice que no sabe cómo defenderse. *(Ríen todos a carcajadas)*

Van acercándose lentamente. Paco y Juan corren atontados, huyen y se esconden entre los asientos. Lentamente, los microbios empiezan a acercarse al público.

COCO: ¡Mira cuántos niños!

BACILO: ¡Y allí está uno que tiene las manos sucias!

AMIBA: ¡Mira qué uñas tan largas tiene aquélla!

MICROBIO: ¡Hay muchos, muchos, todos para nosotros!

Se van acercando más a los niños del público.

COCO: ¿A cuál vamos a atacar primero?

Aparecen en el foro María y Lola; vienen muy sucias.

LOLA: ¿Qué pasó? ¡Juaaan! ¡Paaacoooo! ¡Ya no se escondan!

MARÍA: ¡Si no vienen, nos vamos! ¿No quieren hacer tortas de lodo?

COCO: *(Ruge)* ¡Mira qué delicia!

AMIBA: ¡Ésas son las más sucias!

TODOS: ¡A ellas!

Corren y las agarran.

MARÍA Y LOLA: ¡Ay mamacita linda! ¡Nos llevan los monstruos!

Se las llevan casi arrastrando. Ellas gritan.

PACO: ¡Se llevaron a María y a Lola!

JUAN: ¿Y ahora qué hacemos?

PACO: ¡Hay que buscar al viejito, para que nos ayude a rescatarlas!

(Salen corriendo por el foro)

• Telón •

Diez

INTERPRETACIONES DEL TEXTO

■ El texto que acabas de leer es una parte de la obra de teatro "La lente maravillosa". Platica con tus compañeros:

¿Qué características de los microbios son reales y cuáles no lo son?

¿Qué sucesos del texto son reales o fantásticos?

Mencionen alguna narración fantástica que conozcan y expliquen por qué no pueden ser reales los sucesos que se cuentan.

CÓMO SE ESCRIBE UN LIBRETO DE TEATRO

■ Revisa "La lente maravillosa" y haz una lista de los personajes. Comenta con tus compañeros:

¿Por qué al principio de cada parlamento aparece un nombre? ¿Cuál es la diferencia entre la manera de escribir un cuento y un libreto? ¿Por qué?

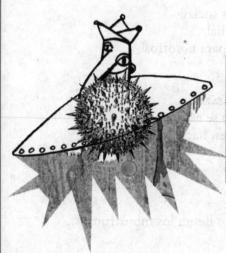

> Los libretos de teatro están hechos para que un grupo de actores representen lo que se narra. Para señalar a los personajes que los actores interpretan, se coloca el nombre de cada uno con mayúsculas, seguido de dos puntos y después su parlamento; es decir, lo que cada uno dice. \period(s)

■ Además de los parlamentos, hay partes que están con letra diferente. Fíjate qué información proporcionan:

VIEJO: Sí, hijita. Por supuesto. (*Severo*) Pero quietos y sin hacer ruido. (*Se sientan los niños*) Les voy a contar un cuento de animales, y de unos animales ¡terribles!

> Las acotaciones son indicaciones que hace el autor para que el director y los actores representen la obra. Hay acotaciones para señalar los movimientos, gestos, actitudes o estados de ánimo de los personajes; y otras indican los efectos especiales.

■ Localiza las acotaciones que hay en "La lente maravillosa".

• Subraya las que indiquen los movimientos de los actores y encierra las que señalen la entonación que deben utilizar al hablar.
• Haz una lista de las acotaciones para los efectos especiales, compárala con la de tus compañeros y platiquen cómo podrían reproducir esos efectos.

TRANSFORMA UN CUENTO EN TEATRO

■ Busca en tu libro de *Lecturas* "Golpe al progreso de los platillos voladores". Para transformarlo en un libreto de teatro, sigue estas instrucciones:

• Fíjate en lo que dice cada personaje. Cambia el guión largo por su nombre, escribe dos puntos y copia su parlamento.
• Anota las acotaciones de actitudes, movimientos y emociones que los personajes no puedan expresar con palabras.
• Pon atención pues tal vez haya partes que no tengas que copiar porque no se necesitan en un libreto.

■ Comenta con tus compañeros si todos los cuentos pueden adaptarse como libretos y por qué.

LAS PARTES DE UNA OBRA DE TEATRO

> *deed*
> *work*
> Al igual que los cuentos, las obras de teatro tienen tres momentos importantes: el planteamiento, el nudo y el desenlace. Algunas obras se desarrollan en un solo acto, es decir, que se presentan de principio a fin sin interrupciones ni descansos. Otras tienen más de uno.

■ "La lente maravillosa" es una obra que tiene varios actos. Ya leíste el primero y ahora vas a leer el segundo. Revísalo con cuidado y escribe las acotaciones que faltan. Después compáralas con las de tus compañeros y decidan cuáles son las más apropiadas.

SEGUNDO ACTO

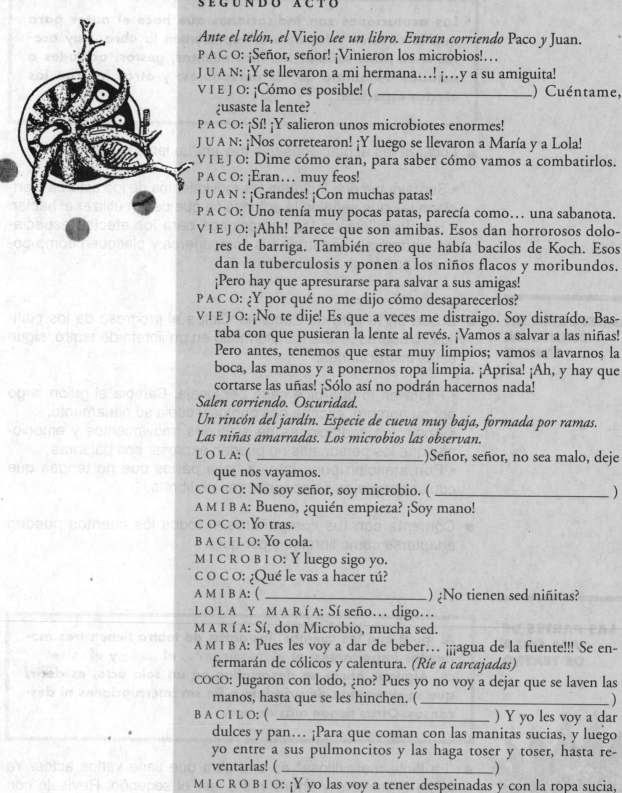

Ante el telón, el Viejo *lee un libro. Entran corriendo* Paco *y* Juan.

PACO: ¡Señor, señor! ¡Vinieron los microbios!…

JUAN: ¡Y se llevaron a mi hermana…! ¡…y a su amiguita!

VIEJO: ¡Cómo es posible! (_____) Cuéntame, ¿usaste la lente?

PACO: ¡Sí! ¡Y salieron unos microbiotes enormes!

JUAN: ¡Nos corretearon! ¡Y luego se llevaron a María y a Lola!

VIEJO: Dime cómo eran, para saber cómo vamos a combatirlos.

PACO: ¡Eran… muy feos!

JUAN: ¡Grandes! ¡Con muchas patas!

PACO: Uno tenía muy pocas patas, parecía como… una sabanota.

VIEJO: ¡Ahh! Parece que son amibas. Esos dan horrorosos dolores de barriga. También creo que había bacilos de Koch. Esos dan la tuberculosis y ponen a los niños flacos y moribundos. ¡Pero hay que apresurarse para salvar a sus amigas!

PACO: ¿Y por qué no me dijo cómo desaparecerlos?

VIEJO: ¡No te dije! Es que a veces me distraigo. Soy distraído. Bastaba con que pusieran la lente al revés. ¡Vamos a salvar a las niñas! Pero antes, tenemos que estar muy limpios; vamos a lavarnos la boca, las manos y a ponernos ropa limpia. ¡Aprisa! ¡Ah, y hay que cortarse las uñas! ¡Sólo así no podrán hacernos nada!

Salen corriendo. Oscuridad.

Un rincón del jardín. Especie de cueva muy baja, formada por ramas.

Las niñas amarradas. Los microbios las observan.

LOLA: (_____)Señor, señor, no sea malo, deje que nos vayamos.

COCO: No soy señor, soy microbio. (_____)

AMIBA: Bueno, ¿quién empieza? ¡Soy mano!

COCO: Yo tras.

BACILO: Yo cola.

MICROBIO: Y luego sigo yo.

COCO: ¿Qué le vas a hacer tú?

AMIBA: (_____) ¿No tienen sed niñitas?

LOLA Y MARÍA: Sí seño… digo…

MARÍA: Sí, don Microbio, mucha sed.

AMIBA: Pues les voy a dar de beber… ¡¡¡agua de la fuente!!! Se enfermarán de cólicos y calentura. *(Ríe a carcajadas)*

COCO: Jugaron con lodo, ¿no? Pues yo no voy a dejar que se laven las manos, hasta que se les hinchen. (_____)

BACILO: (_____) Y yo les voy a dar dulces y pan… ¡Para que coman con las manitas sucias, y luego yo entre a sus pulmoncitos y las haga toser y toser, hasta reventarlas! (_____)

MICROBIO: ¡Y yo las voy a tener despeinadas y con la ropa sucia, hasta que se llenen de granos! (_____)

• Telón •

EL FINAL DE LA HISTORIA

- ¿Crees que "La lente maravillosa" pudiera terminar con el secuestro de las niñas? ¿Por qué?

- Vuelve a leer los dos primeros actos. Imagínate cómo podría continuar la historia y escribe el desenlace de la obra. En esta última parte deben resolverse los conflictos planteados y desarrollados anteriormente.

- Este es el final que Emilio Carballido dio a su obra. Compáralo con el final que tú y tus compañeros escribieron. ¿Se parecen?

TERCER ACTO

VIEJO: *(Fuera de escena)* ¡Oigo gritos!

MARÍA Y LOLA: ¡Aquí estamos, aquí estamos!

Entra el viejo con bata médica; Paco y Juan, *muy limpios, vienen detrás.*

COCO: ¡Qué se han creído! ¡Estas niñas son nuestras por sucias!

PACO: ¡Traemos unos palos muy buenos, que limpiamos con agua, jabón y alcohol, para pegarles con ellos!

AMIBA: ¡Al ataque!

Atacan, pero es como si un aura invisible protegiera a los niños.

MICROBIO: ¡No les puedo hacer nada!

COCO: ¡Están demasiado limpios!

Los niños les dan de palos y los hacen correr.

VIEJO: No los dejen ir. Yo voy a desatar a esas niñas y a lavarles las manos. ¡Alcáncelos!

Persecución de los microbios por la luneta. Cambio a jardín.

MICROBIO: *(Todos juntos)* ¡Pido paz, pido paz, pido paz!

JUAN Y PACO: ¡Yo te voy a dar paz!

MICROBIOS: ¡A la fuente! ¡A la fuente!

Corren y se meten ahí.

PACO: ¡Pronto, a darle vuelta a la lente!

Le dan la vuelta y los microbios desaparecen.

JUAN: ¡Se fueron!

PACO: Yo creo que están ahí todavía, pero invisibles, como eran antes.

VIEJO: *(Entrando)* Muy cierto. Siguen ahí y así, invisibles, son más peligrosos porque no nos damos cuenta de su presencia.

JUAN: ¿Y Lola y María?

VIEJO: Están acabando de asearse, para que ningún microbio pueda hacerles nada.

Entran Lola y María.

LOLA Y MARÍA: ¡Miren qué limpias estamos!

LOLA: ¡Ahora sí, que vengan los microbios!

LOS CUATRO NIÑOS: *(Cantan)*

• Telón •

123

DESCRIPCIÓN DE PERSONAJES Y LUGARES

■ Describe cómo imaginas a cada uno de los personajes. Incluye todos los detalles que puedas: su aspecto físico, su comportamiento y la vestimenta que podrían usar. Fíjate en el ejemplo:

El viejo es un señor delgado y de cabello blanco. Parece una persona que quiere a los niños y le gusta contar cuentos. Es muy distraído. Usa un traje y un sombrero, además trae un costal lleno de objetos interesantes. Se pone una bata blanca cuando lucha contra los microbios.

■ Compara tus descripciones con las de tus compañeros.

■ Ahora que ya leíste completa "La lente maravillosa", seguramente te imaginas cómo son los lugares donde se desarrolla la historia. Haz una descripción de cada sitio. Piensa, por ejemplo, en la cueva donde estaban las niñas atrapadas. Imagínate a qué olía, los sonidos que se escuchaban, cuánta luz había, si hacía frío o calor y todo lo que se te ocurra.

LA PUESTA EN ESCENA

■ Entre todos organicen la puesta en escena de "La lente maravillosa". Platiquen cómo podrían representarla para que sus compañeros de la escuela la conozcan y disfruten.

• Pueden hacer la representación con el final que propone Emilio Carballido o con alguno de los que ustedes escribieron.
• Utilicen las descripciones que hicieron en el ejercicio anterior para interpretar mejor cada personaje y preparar la escenografía y el vestuario.

■ Pónganse de acuerdo para distribuirse los siguientes trabajos:

• Director de escena: guiará el trabajo de los actores y coordinará todo lo relacionado con la puesta en escena.
• Actores: representarán a los personajes de la obra.
• Equipo de vestuario: diseñará y preparará la ropa que necesitan los actores.
• Escenógrafos: prepararán el material necesario para adaptar el lugar donde se representará la obra.
• Encargados de efectos especiales: serán responsables del sonido, la música y las luces.
• Equipo de difusión: promoverá la obra con carteles o invitaciones.

CUENTOS PARA JUGAR

❧

Giani Rodori

Alfaguara

LA ESPADA DEL GENERAL

❧

Lorenzo Cazarré

FCE

NO ERA EL ÚNICO NOÉ

❧

Magolo Cárdenas

SEP-LIMUSA

■ Ensayen varias veces la obra. Fíjense en qué momentos hay que entrar y salir de escena.

• El director debe estar presente para guiarlos.
• Cuando actúen, muévanse y adopten el comportamiento de su personaje.
• Las primeras veces pueden leer mientras actúan, pero deben memorizar su parlamento.
• El director indicará a los actores en qué parte del escenario van a decir el parlamento y en qué momento le toca a cada uno. Además de todo esto, coordinará el vestuario, la escenografía y los efectos especiales.

■ Hagan un ensayo general. No se preocupen si durante la representación olvidan algo. No se detengan para volver a empezar, sigan hablando aunque cambien algunas palabras. Lo importante es que actúen con naturalidad el papel que les tocó.

■ Cuando estén listos presenten la obra a compañeros de otros grupos y si quieren inviten a sus padres. Si es necesario pueden presentar la obra más de una vez.

ESCRIBE UN LIBRETO DE TEATRO

■ Organiza un equipo con tus compañeros para escribir un libreto y platiquen:

¿Quiénes serán los personajes?
¿De qué tratará la historia?
¿Dónde y cuándo sucederá?
¿Cuáles serán el carácter y las cualidades de cada uno de los personajes?
¿Cómo serán su estado de ánimo, su aspecto físico y sus movimientos?
¿Cuáles serán el planteamiento, el nudo y el desenlace?
¿La obra se desarrollará en uno o más actos?

■ Recuerden que el libreto debe llevar los nombres de los personajes, sus parlamentos y las acotaciones.

■ Cuando terminen de escribirlo, léanlo en voz alta y fíjense si le falta algo. Modifiquen lo que sea necesario.

■ Entre todos hagan una antología con los libretos que escribió cada equipo y pónganse de acuerdo para interpretar las obras que más les hayan gustado.

ORTOGRAFÍA

■ Lee el siguiente texto y subraya todas las palabras que tengan la letra *x*.

Un día después del examen que nos hizo la maestra Xóchitl, los alumnos de sexto viajamos a la Ciudad de México. Salimos a las ocho de la mañana y llegamos a la terminal de Taxqueña a las once. Fuimos a Xochimilco a comer mixiotes de pollo y después al teatro Julio Prieto, que está en la calle de Xola, a ver una obra mexicana que ha tenido mucho éxito. Los actores principales eran de Xalapa y también participaron varios extras. Al anochecer, regresamos a Taxco.

Todas las palabras subrayadas tienen x, pero esta letra no siempre representa el mismo sonido. Por ejemplo, en la palabra México la x suena como la j de mejor; en la palabra Xóchitl la x suena como la s de Sonora; en la palabra éxito suena cc como en acceso, y en la palabra Xola suena como sh.

■ Escribe en las líneas las palabras en las que la *x* tenga el mismo sonido que las siguientes:

Xola	México	Xóchitl	éxito

■ Busca en el diccionario más palabras que tengan *x* y clasifícalas según su sonido. Escribe oraciones con algunas de esas palabras.

ACERCA DE LA LENGUA

Recuerda que el sujeto de las oraciones se identifica haciendo la pregunta quién + verbo, quiénes + verbo o qué + verbo. Ejemplo:

<u>Cayó un rayo luminoso</u> en la madrugada.
verbo ←_____ ¿Qué cayó?

■ Copia en tu cuaderno las siguientes oraciones y subraya el verbo. Identifica el sujeto haciendo la pregunta que corresponda. Ten en cuenta que el sujeto puede estar al inicio, en medio o al final de la oración y puede estar formado por una o varias palabras.

En la mañana las niñas más chicas trajeron a José.

En la mañana trajo a las niñas más chicas José.

La víbora de cascabel vio desde las piedras a los conejos.

Desde las piedras vieron los conejos a la víbora de cascabel.

Josefina y Raúl platicaron con Luis.

Luis platicó con Josefina y Raúl.

La Luna salió junto con las estrellas.

Las estrellas salieron junto con la Luna.

■ Para verificar si elegiste bien los sujetos, sustitúyelos por algún pronombre personal. Fíjate cómo quedaría la primera oración.

En la mañana <u>ellas</u> trajeron a José.
                sujeto

> **El sujeto siempre concuerda con el verbo de la oración; no se puede decir *él trajeron*, porque *él* no concuerda con el verbo *trajeron*.**

■ Las siguientes oraciones no tienen sujeto explícito; identifica el sujeto y escribe el pronombre personal que corresponda a cada caso.

Entregamos los premios a los ganadores. _____

Tengo cinco arañas en esta bolsita. _____

¡Vean al tigre! _____

¿Trajiste la tarea? _____

CONSERVACIÓN DEL AMBIENTE*

En la actualidad existen
muchos problemas
ecológicos que eran
desconocidos por nuestros
antepasados y otros que no
eran tan graves
ni tan comunes para ellos.

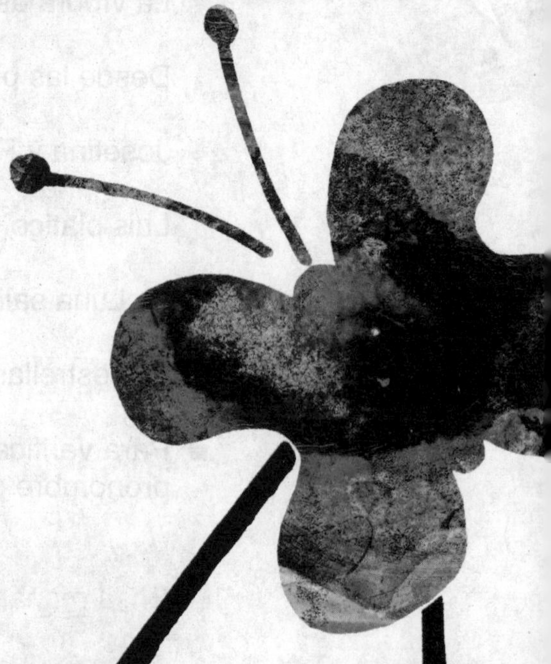

En muchos lugares, el azul del cielo se ha transformado en un gris oscuro, el agua cristalina y pura contiene ahora desechos industriales, comerciales y domésticos, los bosques y praderas han cedido el paso a desiertos y a terrenos **erosionados**. Muchas aves e insectos están desapareciendo, algunos de nuestros recursos naturales no renovables se están agotando, mientras que las ciudades siguen creciendo incontrolablemente y con ellas, el ruido, la contaminación, la pobreza y el malestar.

Muchos de los problemas que tenemos hoy son el resultado de los esfuerzos que ha hecho el ser humano para resolver otras dificultades. Por ejemplo, para aumentar la producción de alimentos inventó los insecticidas y los pesticidas; lamentablemente, su uso ha contaminado el agua y destruido aves e insectos. Para mejorar el transporte inventó el automóvil, el tren, el barco y el avión; como resultado, el aire se ha contaminado y el petróleo, un recurso natural no renovable, amenaza con agotarse. Se han talado los bosques para utilizar la madera en la construcción, la industria y el hogar; la consecuencia ha sido la erosión de las laderas y colinas, las sequías y cambios en el clima.

Otros problemas son producto de las costumbres del ser humano y de sus actitudes poco racionales hacia la naturaleza. Las principales son:

Mala planeación en los sistemas de producción

Con frecuencia, la producción agrícola e industrial se organizan sin tener en cuenta las características y limitaciones de la naturaleza. Por ejemplo, se fomenta la ganadería en lugares propios para la agricultura, se sitúan fábricas en zonas urbanas, se hacen cultivos en terrenos de alto declive, se arrojan al agua y al aire los desechos de las fábricas, y en lugar de artículos de larga duración se fabrican productos que hay que remplazar en poco tiempo.

Hábitos de consumo irracionales

Muchas personas acostumbran desperdiciar recursos, adquieren artículos innecesarios, destruyen y tiran objetos útiles. Para ellos el bienestar consiste en adquirir y consumir todo lo que sea posible. Su excesivo consumo priva a otros de la oportunidad de obtener artículos básicos y necesarios para una vida digna.

Crecimiento acelerado de la población

Cada año aumenta el número de personas que necesitan alimento, vestido, vivienda, transporte, agua, luz, etcétera. Muchos países duplican su población cada 25 años y muchas ciudades duplican el número de habitantes en dos o tres lustros. Esta dificultad se agrava debido a que en algunos países la población está mal distribuida. Por ejemplo, en México cerca de la cuarta parte de la población se concentra en una sola ciudad.

Ideas erróneas sobre el papel del ser humano en la naturaleza

Algunas personas piensan que todo lo que existe en la naturaleza nos pertenece y es para nuestro beneficio. Otros creen que no tenemos que preocuparnos, pues la naturaleza da y resuelve todo mágicamente. También hay quien piensa que los científicos y los técnicos pueden resolver todos los problemas. Estas ideas y otras parecidas no contribuyen a encontrar una verdadera solución; más bien la alejan y complican los problemas.

Afortunadamente, cada vez hay más conciencia de que existen estos problemas y de la urgencia de buscarles una solución. Se sabe que no es fácil, pero todos podemos ayudar a construir un mundo mejor para nosotros y para nuestros descendientes.

*Texto elaborado a partir de las lecturas indicadas en la bibliografía.

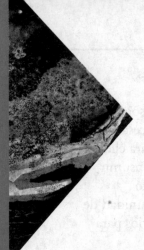

Once

INTERCAMBIO DE IDEAS

■ Platica con tus compañeros sobre lo siguiente:

¿Qué ha hecho el ser humano para resolver sus necesidades de alimentación, habitación y transporte? ¿Qué problemas se han generado a partir de esas soluciones? ¿Qué conductas y actitudes equivocadas tiene el ser humano hacia la naturaleza? ¿Cuáles de los problemas mencionados afectan al lugar donde ustedes viven? ¿Qué soluciones proponen?

ELABORACIÓN DE CUADROS SINÓPTICOS

■ En un cuadro sinóptico se pueden observar los elementos de un texto. El siguiente cuadro se hizo a partir del texto "Conservación del ambiente". Cópialo en tu cuaderno y completa la información.

Causas y actividades que provocan el deterioro ambiental

{

• Mala planeación en los sistemas de producción
{
  • Actividad ganadera en terrenos agrícolas
  • Construcción de fábricas en zonas urbanas
  • Cultivos en terrenos inadecuados
}

• Hábitos de consumo irracionales {

• Crecimiento acelerado de la población

• Ideas erróneas sobre el papel del ser humano en la naturaleza {

Un **cuadro sinóptico** es un tipo de esquema que permite organizar gráficamente la información de un texto y observar cómo se relacionan los datos que se presentan. Para estructurar los cuadros se utilizan algunos elementos gráficos como las llaves { y las flechas →.

INVESTIGACIÓN

Un problema importante relacionado con los hábitos de consumo es el desperdicio de agua. Por las llaves y regaderas que gotean se pierden grandes cantidades de agua. Se sabe que si una llave deja escapar una gota por segundo se desperdician 30 litros al día.

■ Organiza un equipo con tus compañeros para hacer un registro sobre las fugas de agua.

■ Revisa todas las llaves de agua de tu casa (regadera, baño, cocina, patio) y fíjate si gotean, derraman agua o tienen pequeñas fugas.

Cantidad de llaves revisadas _____

Cantidad de llaves con fuga _____

Cantidad de llaves sin fuga _____

■ Elijan a cinco niños para que revisen todas las llaves de agua de la escuela y registren los mismos datos.

■ Hagan en el pizarrón un cuadro en el que sumen las cifras que cada uno de ustedes llevó al salón.

■ Calculen cuánta agua se desperdicia, según los datos que obtuvieron.

■ Preparen un reporte escrito con los resultados de su investigación.

■ Elaboren cuadros y gráficas para ilustrar su trabajo.

■ Propongan algunas soluciones para resolver el problema y platiquen de qué manera podrían ayudar.

■ Escriban un artículo sobre el consumo del agua para incluirlo en su periódico escolar.

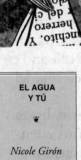

EL AGUA
Y TÚ

Nicole Girón

PATRIA/SEP

SOL DEL
SIGLO XXII

Marinés
Medero

SEP

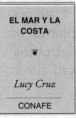

EL MAR Y LA
COSTA

Lucy Cruz

CONAFE

El agua

En nuestro planeta hay tanta, tanta agua, que en lugar de llamarse Tierra, bien podría llamarse Agua. No sólo hay agua en los mares, ríos y lagos, sino que forma parte de ti, de los animales, de la fruta y de todos los seres vivos. Sin embargo, el agua está en peligro y nosotros también; si se terminara, la vida ya no sería posible.

El agua existe desde la formación del planeta, en ella se originó la vida y, gracias a ella, continúa. Los seres vivos están formados principalmente de agua: el 75% de un ser humano es agua; el 74% de un gallo es también agua; un mosquito tiene 50% de agua; un jitomate, 95%, y un elote, 70%. La mayoría de los mamíferos están sumergidos en líquido durante varias semanas antes de nacer. El interior de un huevo, durante la formación del embrión, tiene una gran cantidad de agua. Podría decirse que los vegetales y animales son depósitos vivientes de agua. Para mantener el agua que necesitan, deben tomarla del exterior, de lo contrario se deshidratarían, es decir, se secarían y podrían morir. ¡Imagínate cuánta agua hace falta para que los animales y plantas de la Tierra subsistan!

Aunque casi las tres cuartas partes del planeta están constituidas por agua, sólo podemos utilizar una porción muy pequeña. El 97.3% del agua que existe está en el océano y, por lo tanto, es salada; solamente el 2.7% es dulce, pero de esta porción, el 2.1% forma los hielos polares, el .5% se encuentra en depósitos subterráneos, el .09% en ríos y lagos, y el .01% en la atmósfera. Esto significa que disponemos de menos del 1% del agua que hay en el planeta.

En realidad, esto no había sido un problema serio hasta hace unas décadas, cuando los seres humanos nos dimos cuenta de cuántos éramos y de la cantidad de agua que consumíamos, contaminábamos y desperdiciábamos. El agua sigue un proceso natural de recuperación y de purificación, pero que ya no es suficiente. Se arroja al agua tanta basura, desechos orgánicos y sustancias químicas, que ya no puede utilizarse para beber, regar ni mantener vida en su interior. La contaminación es la forma más grave de desperdiciar el agua y la tecnología con que se cuenta para potabilizarla es todavía limitada.

El agua, elemento insustituible, ha estado siempre presente: para calmar la sed y cultivar, como vía de transporte y fuerza generadora de energía, como reguladora del clima del planeta y conservadora de la vida. Si queremos preservarla debemos transformar nuestra relación con ella, detener el desperdicio y cambiar nuestros hábitos de consumo.

APOYOS GRÁFICOS PARA LAS EXPOSICIONES

A veces, en los textos encontramos datos que se refieren a cifras y porcentajes. Éstos pueden ser resumidos y presentados en gráficas para comprender con claridad la relación que hay entre ellos.

■ En el texto que acabas de leer hay información sobre la distribución del agua en la Tierra y sobre la cantidad que tienen los distintos seres vivos. Observa la siguiente gráfica:

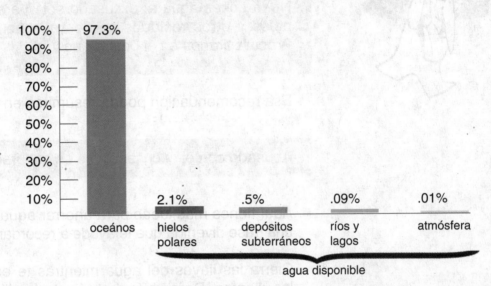

DISTRIBUCIÓN DE AGUA EN NUESTRO PLANETA

97.3% oceános	2.1% hielos polares	.5% depósitos subterráneos	.09% ríos y lagos	.01% atmósfera

agua disponible

■ Observa que la gráfica de abajo está incompleta. Revisa el texto "El agua" y agrega lo que falta.

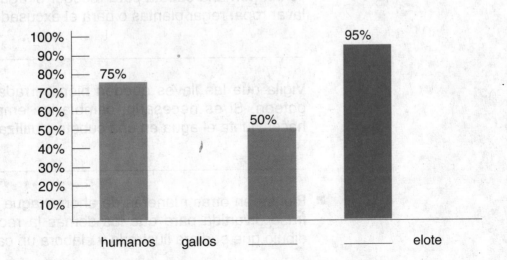

PORCENTAJE DE AGUA EN LOS SERES VIVOS

humanos	gallos	_____	_____	elote
75%	50%			95%

- Una manera de contribuir a la protección del agua es conocer y difundir diferentes formas de ahorrarla. Entre todos platiquen:

¿Conocen algunas formas para aprovechar mejor el agua?
¿Cuáles creen que son más fáciles de seguir?
¿Cómo ahorran ustedes el agua?

- Existen muchas recomendaciones y algunas de ellas se pueden aplicar muy fácilmente. Fíjate en el siguiente ejemplo:

No le eches agua al excusado sólo para deshacerte de papeles y otros residuos sólidos que no producen mal olor. Procura tirarlos en el bote de basura.

Esa recomendación podría resumirse en la siguiente frase:

Abusado con el excusado, ¡no es basurero!

- Aquí tienes más ideas para ahorrar agua. Escribe en las líneas una frase divertida que te ayude a recordar cada recomendación.

Cierra las llaves del agua mientras te enjabones o te cepilles los dientes. De esta forma, tú y tu familia pueden ahorrar muchos litros por día.

_____

Aprovecha el agua de la regadera. Mientras sale el agua caliente, pon una cubeta para recoger el agua fría y utilízala para lavar ropa, regar plantas o para el excusado.

_____

Vigila que las llaves queden bien cerradas. No permitas que goteen. Si es necesario, cambia los empaques; mientras lo haces, junta el agua en una cubeta y utilízala para otras cosas.

_____

save / conserve

- Piensa en otras maneras de ahorrar agua y resúmelas en una frase divertida para que los demás la recuerden. Imagina un dibujo que pudiera ilustrarla y elabora un cartel.

PARA PREPARAR UNA EXPOSICIÓN

■ Organiza un equipo con tus compañeros para hacer una investigación sobre algún problema ecológico. Revisen el anexo "Más ideas para preparar temas". Pueden elegir asuntos como los siguientes:

- Desaparición de bosques y selvas.
- Contaminación del aire.
- Contaminación por exceso de ruido.
- Venta clandestina de animales silvestres.
- Muerte de flora y fauna acuáticas por contaminación de ríos, lagos y mares.

■ Preparen un informe que incluya:

- El problema que investigaron.
- Sus causas y las consecuencias para la vida en el planeta.
- Propuestas de solución.

■ A continuación hay sugerencias para preparar la presentación ante el grupo. Léanlas y decidan cuáles pueden ayudarlos.

- Preparen notas que contengan los datos que quieren exponer.
- Hagan cuadros sinópticos con la información que encontraron.
- Preparen gráficas para ilustrar los datos que obtuvieron.
- Elaboren carteles para proponer soluciones al problema planteado.

PARA PRESENTAR UNA EXPOSICIÓN

■ Para la exposición, el equipo que presente su trabajo debe tomar en cuenta las siguientes recomendaciones.

- Cuando inicien la exposición, expliquen a sus compañeros cuál es el tema que van a exponer y las fuentes de información a las que recurrieron.
- Cuando presenten los cuadros sinópticos y las gráficas, expliquen lo que significa cada una de las partes.
- Discutan con sus compañeros los datos que están presentando y aclaren las dudas que les planteen.

■ Mientras el equipo expone, los demás toman notas de lo más importante y preguntan sobre lo que no les quede claro.

■ Con ayuda de los cuadros sinópticos presentados y las notas que el grupo tomó, hagan un escrito recuperando lo más importante de lo que se expuso.

■ Lean los siguientes textos periodísticos que se publicaron en 1993 y subrayen la información que comparten.

¿Qué ocurrió?
¿Cuándo ocurrió?
¿Dónde ocurrió?

Reducción de la capa de ozono en la Antártida

Wellington, 13 de octubre. ■ Este año la capa de ozono sobre la Antártida está por debajo de la mitad de su nivel normal, informó hoy el Instituto de Investigaciones Atmosféricas de Nueva Zelanda. Los científicos expresaron que la reducción de ozono experimenta año con año un progresivo agravamiento.

El agujero de ozono en la Antártida: un problema de todos

■ Los datos que hoy fueron suministrados por los científicos de Nueva Zelanda son alarmantes. Con ellos se demuestra que la cantidad de ozono sobre áreas de la Antártida está por debajo de la mitad de su nivel normal. Este fenómeno es popularmente conocido como "el agujero de ozono". No es poca la preocupación que este hecho suscita: el ozono, un tipo de oxígeno que forma una pequeña capa en la atmósfera terrestre, absorbe la luz ultravioleta protegiendo a los seres vivos de los nocivos rayos que se generan en el sol y que provocan cáncer de piel. Ahora bien, la reducción de ozono tiene que ver con el incremento de cloro en la atmósfera; mientras el cloro aumenta, el ozono disminuye. Una de las causas principales de la presencia del cloro en la atmósfera es el uso de aerosoles. La reducción de ozono podría afectar seriamente la vida del planeta: es responsabilidad de todos los seres humanos evitarlo. Si cada persona decidiera enfrentar y resolver los problemas ecológicos que hoy nos aquejan, nuestro futuro sería más seguro.

■ En el segundo texto hay una serie de hechos que no se exponen en el primero. Comenten de qué tratan.

¿Es lo mismo narrar un hecho, tal y como ocurrió, que dar una opinión sobre él? ¿Por qué? Apoyen sus comentarios con ejemplos.

> Las noticias son relatos breves de hechos que ocurrieron o están por ocurrir. En una noticia no aparece el punto de vista de quien la escribe. Además de noticias, en los periódicos aparecen comentarios y opiniones de los especialistas sobre un suceso de interés. A este tipo de texto se le llama **artículo de fondo** o **editorial**.

- Respondan las siguientes preguntas:

  ¿Cuál de los textos es una noticia y cuál un artículo de fondo o nota editorial? ¿Cuál es la opinión que se expresa en este último?

- Para comprender un texto muchas veces es necesario investigar en otras fuentes. ¿Saben dónde está la Antártida? ¿Cuáles son sus características? Busquen la información en libros, enciclopedias o atlas.

- Localicen en un periódico algunos artículos de fondo o notas editoriales, comenten sobre qué noticia tratan y qué opinión expresa el autor.

- Redacten una noticia y un artículo de fondo sobre algún tema que les interese, e inclúyanlos en su periódico escolar.

ACERCA DE LA LENGUA

- Lee las siguientes oraciones y escribe las ideas que están relacionadas por las conjunciones o, u. Fíjate en el ejemplo:

Inés quiere salir de vacaciones a Veracruz o a Jalisco.

Inés quiere salir de vacaciones a Veracruz.
Inés quiere salir de vacaciones a Jalisco.

El domingo voy a ir al circo o al cine.

_____

_____

La niña va a comer pastel o helado.

_____

_____

Va a venir Juan u Omar.

sentences

> En este caso, la conjunción **o** relaciona dos oraciones, y sirve para indicar que hay opción o elección entre dos o más posibilidades. Recuerda que esta conjunción se sustituye por **u** cuando la palabra siguiente empieza con la letra "o". Así, en lugar de ser: Juan o Omar, es Juan u Omar.

■ Compara tu trabajo con el de algún compañero. Si tienen diferencias, cada uno explique cómo resolvió el ejercicio.

LAS EXPRESIONES Y SU SIGNIFICADO

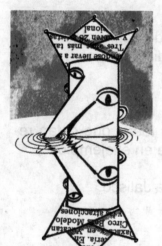

En las expresiones que utilizamos cotidianamente, existen numerosas frases y refranes relacionados con el agua.

■ Une las expresiones de la izquierda con su significado.

Hacerse agua la boca.	Aprovechar alguna circunstancia en beneficio propio.
Llevar agua a su molino.	Repentinamente. Sin ningún aviso.
Sin decir agua va.	Muy evidente.
Más claro que el agua.	Antojarse mucho algo.

■ Completa las oraciones con las expresiones anteriores y modifica lo que sea necesario.

Martín decidió cambiar de trabajo _____

y todos sus amigos se quedaron sorprendidos.

La explicación que dio Andrea fue _____,

todos pudimos entenderla.

Al ver el pastel _____ y no resistió

la tentación de comer un poco.

■ Lee las siguientes oraciones, identifica los verbos y los sujetos.

(   ) Sofía quedó   _____

(   ) El gato ronronea   _____

(   ) Daniel compuso   _____

(   ) Teresa estudia   _____

(   ) Los libros pertenecen   _____

■ Como ya te habrás dado cuenta, además del sujeto, algunos verbos necesitan información complementaria para que se entienda la oración. Lee las siguientes frases y elige la que podría completar la información de cada uno de los verbos. Escríbela en las líneas de arriba.

la plancha   a los niños de la escuela   bañada en azúcar

> **Según la información mínima que los verbos necesitan para que se entienda la oración, se pueden clasificar de la siguiente manera:**
>
> **1. Los verbos que, además del sujeto, necesitan información adicional; no se puede decir solamente *Juan prepara*, pues hay que especificar qué prepara. Por ejemplo, *Juan prepara las tortas.***
>
> **2. Los verbos que, además del sujeto, no requieren otra información. Por ejemplo, *Laura tosió.***
>
> **3. Los verbos que, además del sujeto, pueden o no tener más información. Se puede decir *El gato come* y se entiende, pero también se puede especificar qué es lo que come: *El gato come lagartijas.***

■ Vuelve a leer las oraciones y escribe en el paréntesis si el verbo de cada una es del tipo 1, 2 o 3, de acuerdo con la información del recuadro.

■ Escribe tres oraciones que tengan sólo el sujeto y los verbos nadar, escribir y recoger. De acuerdo con la clasificación, ¿qué tipo de verbo es cada uno: 1, 2 o 3?

■ Ahora agrega información a las oraciones que lo necesiten para que se entiendan.

EL CIRCO EN LA VENTANA

Alejandro Aura (fragmento)

¡El circo, el circo!
¡Ya llegaron!
Ya empezaron
a llegar los
camiones enormes
con las carpas
y los andamiajes
y un mundo
de gente que
se mueve para
todos lados
con tanta actividad
que apenas puedo
seguirlos desde
la ventana.

¡Ya están llegando los camiones con los animales! Bueno, con algunos animales, leones, tigres, changos, una pantera, las focas, porque los elefantes y los demás animales grandes y que no atacan llegan caminando. Huelen a animal. Huelen muy fuerte.

Si no los hubiera visto desde la ventana igual sabría que ya llegaron porque huelen. Camellos, caballos, cebras, ¡mira qué bonitas son las cebras, todas rayadas! ¿Jirafas? Sí, son jirafas.

El **hervidero** de levantadores de carpas apenas me dejaba ver los coches-casa de los trapecistas, los payasos, los enanos, las muchachas rubias que luego iba a ver sobre los caballos y sobre los elefantes dando vueltas a la pista y haciendo suertes de asombro y volando en los trapecios. ¡Qué suerte vivir enfrente del circo y tener una ventana desde la que se podía ver toda la función desde antes de que empezaran las funciones!

En un **santiamén** estaban levantadas la gran carpa principal y la carpa de los animales. Cobraban aparte por entrar a ver a los animales, como un zoológico. No era que todos los animales sirvieran para los números del circo sino que los exhibían nomás para que uno los conociera, los viera de cerca, los oliera. Y allí vivían también, por supuesto, los que usaban en las funciones.

A ver cómo pero juntamos para la entrada. Tenemos que entrar, aunque yo, desde la ventana, he visto ensayar a todos y a las muchachas dar vueltas y volteretas en los caballos. Pero no es lo mismo. Tenemos que entrar a ver la función.

Lo más fácil era cuidar los coches que se estacionaban en nuestra calle. Cuántos coches llegaban, casi todos negros, con sus maletas negras atrás, con sus ruedas de repuesto en la salpicadera delantera, con sus cajuelas que se hacían asiento.

—¿Se lo cuido?

—¿Y a ti quién te cuida?

—Mi abuelita que está allí asomada, en la ventana.

Y cuando salen me regalan un quinto, un diez o algunos hasta un veinte grande de cobre, con su águila y su sol. Hay señores muy erguidos que me acarician la cabeza y me dan un peso. Sí, se puede juntar para la entrada. En tres o cuatro días, claro, porque muchos no dan nada y a otros ni nos les acercamos cuando salen porque a veces nos metemos a los coches a manejarlos y si les pisamos la marcha avanzan un poquito y ya no están como los dejaron. ¡Qué susto!

Otra de las estrategias para conseguir dinero era juntar lo de las cuidadas y comprar una caja de chicles y ponernos a vender a la entrada. Si íbamos temprano y pedíamos programas en la taquilla, nos daban un puño y con ese gancho vendíamos más.

Cómo recuerdo con asombro al hombre gordo del blanco delantal que tenía un gran tambo de aceite hirviendo y sobre él rebanaba interminables papas que venían en cucuruchos de papel de estraza. "No se acerquen, niños, porque este aceite está hirviendo y se pueden quemar". Y el de los algodones de azúcar y el puesto de *hot cakes* con su plancha caliente sobre la que echaba la pasta con exacta

ustedes verán, directamente de Londres, a los hermanos *Brothers*; que la máxima caballista rusa; que el aplauso de ustedes para dar inicio al magno desfile de tooodos los artistas de esta tarde.

Adelante van los payasos haciendo **machincuepas** y montones de payasadas. Ah, qué bonito, qué divertido, cómo le pegó con un palo y salió una nube de polvo; le dio en las pompas y dio dos piruetas, le sonó un porrazo en la cabeza y chifló su silbato. Qué bonito.

Qué fuerte y alegre toca la banda; los músicos están allí, al lado de la entrada, en un cerco aparte. Van cambiando la música en cada número. La marcha de los caballos con las muchachas en traje de baño con plumas en la cabeza. La música para las chistosadas de los payasos. Y la música que da miedo para los equilibristas.

Que no se vaya a caer; por favor, que no se vaya a caer, que no le vaya a fallar el equilibrio y se caiga. ¡Ayyy!, mira cómo va por el alambre, allá arriba, con su monociclo, haciendo equilibrio con una **pértiga** larga que sostiene con las dos manos. Por favor, que no se vaya a caer y se mate.

Tengo un vacío en el estómago. Cada vez que saltan de un columpio a otro y van volando por el aire, se me acaba todo lo que tengo adentro y me quedo vacío. Éstos no son los mismos trapecistas que vinieron el año pasado. Ahora son dos rubias y el otro año una era rubia y la otra no y no iban vestidas de blanco sino de azul. Además los tres muchachos no eran tan altos. Estoy seguro.

Jamás podré recuperar paso a paso la función del circo pero tengo las imágenes en el más delicioso desorden enriqueciendo mi gusto por la vida.

Una y otra vez el circo es nuevo, la emoción es la misma pero cada vez es nueva. La emoción es lo único que cada vez vuelve a ser nuevo. Otra vez soy niño y veo llegar al circo a ponerse para mí, justo allí, en este gran terreno baldío, enfrente de mi ventana. ¡Qué suerte!

medida, el hombre de cara redonda que provocaba esos olores dulces, y los niños más grandes y de otra parte que también vendían chicles y nos querían echar de allí, y el hervidero de gente, familias, chicos y grandes. Ahora que de veras somos tantos en la ciudad he perdido la idea de multitud que entonces era clarísima. Pero sobre todo, cómo recuerdo los olores dulces y los olores agrios de las frituras mezclados con los olores de animal que duraban toda la temporada del circo. El final del olor era la triste partida.

¿Nos metemos por abajo de la carpa? Compramos boleto nada más para ver a los animales y luego nos pasamos por abajo de la carpa y nos colamos al circo, ¿sí? Y nos colamos al circo.

Abajo de las gradas no se ve bien, sólo se ven pies y piernas y algunos calzones de señoras o de niñas, mejor hay que juntar para volver a entrar.

Sentados en las gradas, con qué religiosa emoción veíamos la presentación de los trapecistas. Que no sé cuántos años de divertir a México y al mundo; que el único circo internacional de primera categoría; que

Doce

INTERCAMBIO DE IDEAS

■ Todos tenemos recuerdos que contar, recuerdos que van mezclados con sabores, olores, sonidos y mil imágenes más. En el texto que acabas de leer, Alejandro Aura nos regala uno de sus recuerdos. Coméntalo con tus compañeros. Para apoyar tu opinión, puedes leer el texto las veces que lo necesites.

• ¿Por qué el texto se llama "El circo en la ventana"?

• Para el niño no era lo mismo ver el circo desde su casa que asistir a las funciones. ¿Cuál era la diferencia?

• En el texto se describe el circo desde distintos lugares. Por turnos, léanlo en voz alta. Identifiquen cuáles son los párrafos que describen lo que el niño mira desde la ventana, cuáles detallan lo que ocurre afuera del circo y cuáles se refieren a lo que sucede adentro.

• Enumeren las distintas estrategias a las que el niño recurría para entrar al circo. ¿Ustedes cómo le harían para entrar?

INTERPRETACIONES DEL TEXTO

En el texto "El circo en la ventana" el autor menciona las características de los objetos, las personas y los animales del circo, y al mismo tiempo describe lo que sentía al mirar, oler y oír todas estas cosas. Ahora vas a rescatar algunas de estas sensaciones. Numera los párrafos del texto y sigue estas actividades:

■ Lee los párrafos 2 y 11. ¿Cuáles son los olores que se describen? ¿Qué significado tenían esos olores para el niño? ¿Tú has olido algo semejante? ¿Qué es lo que te recuerdan esos olores: un lugar, algún hecho...?

■ En el párrafo 14, el autor recuerda algo que escuchaba al inicio de las funciones, subraya esa parte. Ahora léela en voz alta como si fueras el director del circo. ¿Cómo escuchaba el niño estas palabras?

■ En el párrafo 16 se mencionan distintos tipos de música. ¿Cómo podría ser la música de la marcha de los caballos? ¿Cómo la de los payasos? ¿Puedes imaginar la música que da miedo? Trata de imitar cada tipo de música.

■ En los párrafos 17 y 18 subraya con un color lo que el niño está observando y con otro lo que siente. ¿Alguna vez tú has sentido lo mismo o algo parecido? ¿En qué situación? Descríbela detalladamente en tu cuaderno.

ESCRIBE TUS RECUERDOS

Vas a elaborar un texto sobre algún recuerdo que tengas por ahí escondido. Sigue estas recomendaciones:

■ Acomódate en algún sitio tranquilo. Piensa en un sabor, un olor, un objeto o algún sonido que te recuerde un lugar, una persona o algo que te ocurrió.

■ ¿Qué recuerdos vienen a tu mente sobre esa persona, ese lugar o ese suceso? Toma nota de lo que recuerdes, escribe rápidamente lo que se te ocurra; por ahora no te preocupes si los datos están desordenados.

■ Lee tus notas y elige el recuerdo que más te interese para que lo desarrolles.

■ Concéntrate en ese pensamiento y descríbelo con la mayor cantidad de detalles que puedas; di cómo son los sabores, olores, sonidos u objetos que están relacionados con lo que recuerdas y qué es lo que sientes: alegría, nostalgia, tristeza, miedo...

■ Al terminar tu descripción consulta el anexo "Más ideas para revisar tus escritos". Muestra tu trabajo a un compañero para que te diga su opinión. Pregúntale si hay algo sobre lo que le gustaría tener más detalles. Si es necesario, reescribe tu texto.

PALABRAS PARA DESCRIBIR

■ Lee la siguiente expresión y subraya las palabras que respondan estas preguntas: ¿Cómo es el payaso? ¿Cómo está el suéter?

El payaso alto trae un suéter deshilachado.

> **Las palabras que subrayaste son** adjetivos calificativos **y sirven para nombrar las cualidades o estados de las cosas.**

■ Agrega adjetivos calificativos a los sustantivos subrayados. Para ayudarte haz la pregunta cómo es o cómo está. Por ejemplo:

Ana recorrió el <u>campo</u> *fresco, oloroso* y *soleado.*

Una <u>mujer</u> _____ , _____ y _____ llegó ayer.

La <u>ciudad</u> _____ , _____ y _____ se ve a lo lejos.

■ En tu libro de *Lecturas* lee el texto "Un pueblecito", de Azorín, y subraya los adjetivos que acompañan a los sustantivos: pueblecito, plaza, sombras, cielo, ventanas, silencio, ruido.

■ Compara con un compañero los adjetivos que subrayaron y lean el texto sin esas palabras. ¿Se modificó el significado? ¿Cuál de los dos textos es el más bonito?

> **En las descripciones, los adjetivos son palabras muy importantes porque además de indicar las características de los objetos o sucesos, ayudan a expresar los sentimientos del autor hacia lo que describe.**

■ En el siguiente ejercicio coloca el sustantivo y el adjetivo que correspondan a los sentidos de la vista, el tacto, el oído, el gusto y el olfato. Fíjate en el ejemplo.

Sustantivos: caricia, ruido, luz, perfume, sabor.
Adjetivos: ensordecedor, salado, aromático, brillante, rasposa.

	SUSTANTIVOS	ADJETIVOS
Vista		
Tacto	*caricia*	
Oído		
Gusto		*salado*
Olfato		

146

■ Escoge un sustantivo y combínalo con un adjetivo que pertenezca a otro sentido. Después escribe oraciones con las combinaciones que obtengas. Si es necesario cambia los adjetivos al femenino para que concuerden con el sustantivo. Ejemplo:

Siento la <u>caricia</u> <u>salada</u> de las olas en la playa.

DESCRIBE UNA IMAGEN

■ Observa con mucha atención la pintura de Remedios Varo.

■ Haz una lista de las cosas que te parezcan más interesantes. Tomando en cuenta tu lista, describe la pintura. Decide en qué orden vas a hacerlo: puedes empezar por lo que te haya impresionado más y luego seguir con otros detalles. También puedes empezar describiendo lo que hay al frente y luego al fondo.

Remedios Varo, *Bordando el manto terrestre*, 1961 (detalle)

■ Compara tu escrito con el de un compañero. ¿Qué fue lo que más le llamó la atención? ¿Describieron las mismas cosas?

LAS PALABRAS Y SU SIGNIFICADO

■ Lee el siguiente texto:

En aquella época casi todos los días estaban <u>nublados</u>. <u>Abundantes</u> nubes <u>negras</u> habitaban el <u>oscuro</u> cielo. Las aguas del río eran <u>turbias</u>. Se respiraba un clima de <u>tristeza</u>.

■ En tu cuaderno, copia el texto sustituyendo las palabras subrayadas por el antónimo más apropiado. Recuerda que los antónimos son dos o más palabras que significan lo contrario, por ejemplo alto y bajo. Ayúdate con las siguientes palabras: blancas, felicidad, luminoso, transparentes, escasas, soleados.

El castillo desaparecido

Pedro Bayona (adaptación)

Cuando Oso Verde, Isabel 21, Andrés y Tai llegaron a la Ciudad de México, el país estaba conmocionado por una noticia: ¡El castillo de Chapultepec había desaparecido! ¡Alguien lo había robado! La policía no sabía qué decir. En lo alto del cerro de Chapultepec, donde antes se levantaba el castillo, sólo se veía el hueco de los cimientos.

—Mi prima Cora vive en un edificio que está frente al castillo —dijo Andrés—. Vamos con ella para ver de cerca el lugar.

Cuando entraron al departamento fueron hacia el balcón. Allí estaba el papá de Cora tomando fotos con una cámara de revelado instantáneo.

—Ayer en la tarde el castillo brillaba de una manera muy extraña y le tomé una foto. Hoy tomé ésta, compárenlas con una vieja foto.

Andrés colocó las tres fotos juntas y dijo:

—En la foto que tomó ayer hay unas barras de hierro que no aparecen en la foto antigua. Además en la foto de hoy, donde ya no está el castillo, no hay barras sino huecos. ¿Por qué será? Creo que esto le interesará al doctor Pellegrini, le voy a hablar por teléfono.

—¡Hey! —dijo Isabel 21—, en esta foto hay otra posible pista. —Y señaló a un hombre en moto que hablaba por radio, junto a un camión que decía Constantinopla—. ¿Dónde encontraremos a este sospechoso?

—Un criminal siempre regresa al lugar de los hechos —dijo Tai, mientras miraba hacia abajo con un telescopio—. ¡Allí está! —gritó de pronto—: ¡Rápido, Oso Verde, Andrés, tras el motociclista!

Los niños lo siguieron, pero lo perdieron cuando dio vuelta en una esquina. Sin embargo, Oso Verde dedujo rápidamente que estaba en un edificio que decía Almacenes Constantinopla. Decidieron que Tai se quedaría a vigilar mientras regresaban por Isabel 21. Al llegar a la casa, se encontraron con el doctor Pellegrini, observando las fotos.

—Las barras parecen extremos de polos eléctricos de un aparato gigantesco —dijo el doctor—, para funcionar necesitaría gran cantidad de energía. El problema es que no sé cómo funciona un aparato de esta naturaleza. He oído que cierto científico... creo que un tal doctor Irigoyen experimentaba con la separación de átomos para reducir y transportar materia de un lugar a otro, pero hace años desapareció.

Los chicos se despidieron del doctor y fueron a buscar a Tai. Cuando llegaron, el niño había desaparecido.

RESUELVE EL MISTERIO

Los niños que aparecen en el relato pertenecen a una organización llamada "La Legión de la Tarántula". En esa organización los niños aprenden a descubrir pistas y a sacar conclusiones de hechos que aparentemente no tienen relación. Esta vez, Isabel 21, Oso Verde, Andrés y Tai tratan de resolver el misterioso caso de la desaparición del castillo de Chapultepec. Veamos si tú puedes ayudarlos.

■ En tu cuaderno responde las siguientes preguntas. Vuelve a leer el texto si lo necesitas.

¿Qué pistas encontraron al comparar las tres fotos?
¿Cómo supo Oso Verde que el motociclista estaba en los Almacenes Constantinopla?
Revisa la primera pregunta. ¿Te faltó alguna pista?
¿Crees que la información que dio el doctor Pellegrini está relacionada con la desaparición del castillo? ¿Por qué?

■ Inventa el desenlace de "El castillo desaparecido". Para hacerlo, guíate con estas preguntas:

¿Qué habrá pasado con Tai? ¿Para qué podrán servir los extraños aparatos? ¿Qué relación tendrán con las barras? ¿Es posible que el castillo de Chapultepec esté dentro de los Almacenes Constantinopla? ¿Regresará el castillo a su lugar? ¿Qué aventuras pasarán los niños para resolver el misterio? ¿Tendrán que enfrentarse a los causantes de esta fechoría?

■ ¿Qué te parece si escribes tu propio cuento de misterio? Ten en cuenta que una narración de este tipo describe hechos que a primera vista no tienen importancia, pero que al relacionarlos son pistas que ayudan a aclarar el problema. Analiza los elementos que debe tener tu cuento.

• El planteamiento: ¿Cuál es el misterio que hay que resolver? ¿Qué personaje se encarga de hacer la investigación? ¿Qué pistas tiene? ¿Quiénes son los sospechosos? ¿Por qué?
• El nudo: ¿Qué dificultades encuentra el investigador al tratar de cumplir su misión? ¿Quién le ayuda?
• El desenlace: ¿Cómo termina la misión del investigador? ¿Obtuvo lo que buscaba? ¿Qué pasa con los otros personajes del cuento? ¿Qué razones tenían los villanos para hacer lo que hicieron?

No olvides describir con el mayor detalle posible los personajes, los lugares y los objetos que aparecen en tu historia.

■ Lee el texto y fíjate en las palabras en itálicas:

Noches de agosto

Cuando la tarde iba haciéndose vieja y los *luceros* anunciaban la ya cercana noche, los niños del rancho, llenos de *felicidad*, comenzábamos a gritar porque se acercaba la hora de las *luciérnagas*. A *veces* nuestras *voces*, bien que lo recuerdo, asustaban a un pobre burro *maicero* que después de haber comido hasta las *raíces* de su rastrojo, intentaba dormir en el corral. Al llegar la noche, las pequeñas *luces* de las *luciérnagas* parecían *peces* nadando en una enorme *pecera* oscura. Al atraparlas, nuestras manos se transformaban en *lapiceras* luminosas y con algún dedo, como *lapicillo* incandescente, rayábamos de polvo de estrellas nuestras ropas. Quien hiciera la raya más grande era merecedor de una ruidosa *felicitación* por parte de todos. Así recuerdo esas noches de agosto, con su humedad invadiendo nuestras *narices*.

El plural de las palabras que terminan con **z** se escribe con **c**. Por ejemplo: **luz → luces**. Luciérnaga es una palabra derivada de luz. Como ves, en estos casos, también la **z** cambia por **c**.

■ Tomando en cuenta la información del recuadro, escribe en cada línea la palabra terminada con **z** que le corresponda.

luceros _____*luz*_____   felicidad _____*feliz*_____

luciérnagas _____   veces _____

voces _____   maicero _____

raíces _____   luces _____

peces _____   pecera _____

lapiceras _____   lapicillo _____

felicitación _____   narices _____

■ Piensa en otras palabras que terminen con **z** y escribe algunos plurales que sean derivados de ellas. Elabora cinco oraciones.

■ Copia en tu cuaderno las siguientes oraciones. Encierra en un círculo el verbo y subraya el sujeto. Recuerda que el sujeto concuerda con el verbo.

Don Arnulfo compró algunas herramientas.
Ana y Sofía siguieron al hombre misterioso.
Las niñas vieron una puerta secreta.
Ellas encontraron varios baúles muy grandes.
El conserje descubrió a las visitantes.

■ Además del sujeto, estas oraciones tienen otra parte que complementa la información del verbo; identifícala haciendo la pregunta *qué + verbo*, *a quién + verbo* o *a quiénes + verbo*. Subraya esa parte. Fíjate en el ejemplo:

Don Arnulfo (compró) algunas herramientas
   sujeto   verbo   ¿Qué compró?

■ Observa lo siguiente:

Don Arnulfo compró *algunas herramientas*.
Don Arnulfo *las* compró.

En la segunda oración se quitaron las palabras *algunas herramientas* y se sustituyeron por la palabra *las*. Si se dijera *Don Arnulfo lo compró*, ¿la palabra *lo* se podría referir a *algunas herramientas*? ¿Por qué?

■ Vuelve a escribir las oraciones en tu cuaderno quitando las partes que subrayaste y sustitúyelas, según corresponda, por la palabra *la*, *lo*, *las* o *los*.

> El **objeto directo** es la parte de la oración que responde a las preguntas: **qué, a quién o a quiénes + el verbo**, y puede ser sustituida por los pronombres **la, lo, las o los**.

■ Copia las siguientes oraciones en tu cuaderno e identifica, en cada una, el verbo, el sujeto y el objeto directo; subráyalos con colores distintos. Vuelve a escribirlas sustituyendo el objeto directo por el pronombre que le corresponda.

Molestaba a las fieras el mosquito.
Mis primas compraron la fruta.
El maestro invitó a sus alumnos.

LA MIEL*

honey

La crianza de las abejas y el aprovechamiento de sus productos, es decir, la apicultura, ha sido una actividad muy productiva en México desde hace muchos siglos. En la actualidad, el atraso técnico y la propagación de la abeja africana amenazan su existencia.

bee keeper /apiarist

La historia de la cría de abejas es muy antigua. El pueblo olmeca, una cultura que vivió al sureste de las costas del Golfo de México, practicó una apicultura primitiva usando los troncos huecos de las palmas para recolectar miel. Pero fue el pueblo maya quien revolucionó este arte al cultivar diversas variedades de abejas, alcanzando un grado de complejidad comparable con la apicultura europea de la época. Los apicultores mayas también crearon apiarios movibles que colocaban cerca de su vivienda.

El comercio de la miel llegó a ser tan importante para los mayas, que ésta se convirtió en una especie de moneda intercambiable por piedras de ornato y cacao, entre los pueblos del Caribe y Centroamérica.

Más tarde, la miel sirvió para pagar tributo a las culturas del altiplano.

A mediados del siglo XVIII, la abeja española llegó a México y se extendió por la región central del país, sin afectar mayormente la apicultura del sureste. En el siglo XIX, se trajeron otras variedades de abejas europeas para mejorar la calidad de los apiarios y se introdujo la apicultura basada en el empleo de cubos de madera con marcos movibles. Estas técnicas **apícolas** impulsaron de tal manera la producción mielera del país, que México llegó a ser el cuarto productor y el segundo **exportador** mundial en este siglo.

Actualmente, las técnicas tradicionales resultan insuficientes para cubrir las necesidades comerciales del mercado internacional, que

requiere de grandes cantidades de miel, sólo alcanzables mediante procesos altamente industrializados. A pesar de esto, la producción mexicana **oscila** entre 40 mil y 60 mil toneladas anuales, de las cuales aproximadamente 20 mil se producen en Yucatán.

La llegada y multiplicación de la abeja africana, una variedad mucho menos productiva que la abeja europea, ha venido a agravar la situación. Originaria de un medio caluroso, y poblado de un gran número de depredadores, la abeja africana ha desarrollado un comportamiento poco favorable para la apicultura, caracterizado por conductas defensivas ante intrusos, capacidad para reproducirse más rápidamente que otros tipos de abejas y tendencia a trasladarse constantemente en busca de polen, por lo que no almacenan cantidades suficientes de miel.

A su paso por Sur y Centroamérica, la abeja africana ha provocado accidentes irreparables y una disminución hasta del 85% en la producción de miel. Esto ha dado lugar a que algunos países abandonen por completo la actividad apícola y pasen a ser importadores de miel y sus derivados.

En 1985, la abeja africana llegó a México por la frontera con Guatemala. Ese mismo año se puso en marcha el Programa Nacional para el Control de la Abeja Africana, el cual ha permitido plantear mejoras para la obtención de miel con el fin de mantener los niveles de producción para la exportación mexicana.

Sin lugar a dudas, la actual actividad apícola en México está ligada a una larga y fructífera tradición histórica, en la que la península de Yucatán ha jugado un papel importante.

A pesar del problema que representa el atraso técnico y la presencia de la abeja africana, la apicultura mexicana continúa luchando por mantener la importancia económica y cultural que ha tenido a lo largo de la historia del país.

* Texto elaborado a partir de las lecturas indicadas en la bibliografía.

Trece

INTERPRETACIONES DEL TEXTO

El texto que acabas de leer presenta información general sobre la producción de miel en México.

■ Contesta en tu cuaderno las siguientes preguntas y compáralas con las de tus compañeros.

¿Qué hicieron los mayas para llegar a ser grandes productores de miel?
¿Qué contribuciones a la apicultura hubo en el siglo XIX?
¿Qué dato refleja la importancia de la península de Yucatán en la producción de miel?
¿Por qué la abeja africana no es apropiada para la apicultura?
¿Cuál es la razón de su conducta altamente defensiva?
¿Qué ha permitido plantear mejoras en la producción mexicana de miel?

LAS PARTES DEL TEXTO

Algunos textos informativos están formados por tres partes: introducción, desarrollo y conclusión. Sigue las instrucciones para que identifiques estas partes en la lectura "La miel".

■ En la introducción se plantea el tema. ¿Cuál es? En él se habla de asuntos diferentes o subtemas. ¿Cuáles son?

■ En los párrafos siguientes se desarrollan los subtemas. Coloca los siguientes subtítulos en el lugar que corresponda:

Breve historia de la apicultura en México
Problemas actuales de la apicultura

■ La conclusión es la parte donde se evalúan y comentan las ideas del texto. Identifica en qué parte va el subtítulo "Conclusión" y escríbelo.

- Lee con atención la siguiente información y revisa el trabajo que has hecho en este ejercicio. Si es necesario, corrígelo con algunos de tus compañeros.

> **Muchos textos informativos están formados por:**
>
> • **Introducción: anuncia los temas que se tratarán a lo largo del texto.**
> • **Desarrollo: se proporciona información y se discute sobre los temas mencionados en la introducción.**
> • **Conclusión: se opina sobre las ideas expuestas y se comentan las posibles soluciones de problemas planteados.**

- Elige un tema de Ciencias Naturales y escribe un texto informativo que tenga introducción, desarrollo y conclusión.

- No olvides revisar los anexos "Más ideas para redactar" y "Más ideas para preparar temas".

LAS PALABRAS Y SU SIGNIFICADO

Hay varias maneras de descubrir el significado de las palabras que desconocemos cuando leemos un texto. En ocasiones basta con releer el párrafo donde se encuentran; a veces, el autor las explica, y otras, lo mejor es consultar el diccionario.

- En la primera oración del texto "La miel", el autor explica la palabra apicultura. ¿Qué significa?

> "La crianza de abejas y el aprovechamiento de sus productos, es decir, la apicultura..."

- • Busca en el diccionario la palabra apicultura y compara la definición con la explicación que el autor dio. ¿Hay diferencias? ¿Cuáles son?

- Ya conoces el significado de apicultura. Ahora busca en el "Glosario" la palabra apícola y responde: ¿Qué crees que significan apiario y apicultor?

- Busca en el "Glosario" el significado de la palabra exportador. ¿Qué crees que signifique importador? Escribe en tu cuaderno dos oraciones utilizando estas palabras.

ARGUMENTACIÓN

Al hablar o al escribir se hace con distintas intenciones, por ejemplo: informar, opinar, expresar sentimientos, divertir, explicar. Aquí trabajarás con un texto que tiene el propósito de convencer; en él se usan argumentos para demostrar que es cierto o válido lo que se afirma.

■ Lee con mucha atención el siguiente texto:

> *bee*
>
> La abeja africana debe ser controlada. En los últimos años, la abeja africana, por ser altamente sensible a la presencia de intrusos, ha causado accidentes a decenas de personas y miles de animales de corral en diferentes regiones del país en las que se ha establecido; también ha provocado serios daños a la apicultura ya que desplaza a otras abejas con mayor capacidad de producción mielera. Éstas son las principales razones por las que se debe combatir su reproducción incontrolada.

■ Contesta las siguientes preguntas:

¿De qué se trata de convencer a los lectores?
¿Con qué argumentos se pretende convencerlos?
¿Cuál es la conclusión?

■ Compara tus respuestas con las que dieron tus compañeros y coméntenlas.

Los textos donde se usa la argumentación tienen generalmente tres partes:

- **La presentación de una idea.**
- **Los datos o hechos que la apoyan o le dan validez.**
- **La conclusión que confirma la idea inicial, con base en los hechos y datos que se presentaron.**

INTERCAMBIO DE IDEAS

En este ejercicio organizarán un debate para defender distintos puntos de vista.

■ Elijan un tema de su interés para debatir. Aquí se sugieren algunos:

¿Deben o no existir los zoológicos?
¿Es importante la educación sexual?
¿Debe haber quehaceres exclusivos para niñas y otros para niños?
¿Se deben guardar todos los secretos?

> **En un debate se discuten, con argumentos y de manera organizada, dos o más puntos de vista sobre un mismo tema.**

ARTE, CIENCIA Y TÉCNICA I AL V

❦

Varios autores

SEP-SALVAT

MANOS A LA OBRA

❦

Horacio Albalat

SEP-SITESA

LA VAINILLA

❦

Arnulfo de Santiago

SITESA-CNCA

■ Para debatir con argumentos válidos es necesario conocer el tema. Busquen información sobre lo que van a discutir.

• Recuerden que para iniciar la búsqueda de la información tienen que hacerse preguntas. Si eligieron el tema de los zoológicos, pueden preguntarse:

¿Cuál es la principal función de los zoológicos?
¿Qué otras funciones cumplen?
¿Todos los zoológicos son iguales?
¿Qué tipo de animales hay en ellos?
¿Cuáles pueden vivir y reproducirse en cautiverio?
¿Cuáles están en peligro de desaparecer?
¿Los animales están en espacios abiertos?
¿Los zoológicos evitan la extinción de los animales?
¿Qué cuidados especiales reciben los animales?

• Pueden obtener información o complementarla haciendo entrevistas. Éstas son algunas preguntas que podrían realizar:

¿Qué zoológicos conocen? ¿En qué condiciones de alimentación, espacio y limpieza se encuentran? ¿Cuál es su opinión sobre la existencia de los zoológicos? ¿Por qué opina de esa manera?

■ Hagan notas que les sirvan de guía en el momento del debate. Estas notas deben contener:

• El punto de vista que hayan adoptado.
• Los datos que lo apoyen.
• La conclusión.

■ Al preparar sus notas tomen en cuenta los argumentos que podrían utilizar quienes tengan otro punto de vista.

■ En el momento del debate cada quien expresará su posición.

■ Sigan estas recomendaciones para la organización del debate:

• Determinen la duración de la discusión y el tiempo límite para cada intervención.

• Elijan a un moderador. Él dará la palabra según el orden en que se la pidan. También se encargará de que las intervenciones no se salgan del tema a debatir, no sean repetitivas ni excedan el límite de tiempo del que disponen para su argumentación.

• Nombren tres secretarios que tomarán notas de las opiniones más importantes y de las conclusiones.

• Procuren intervenir todos en la discusión. Planteen sus dudas y respondan las preguntas que les hagan sus compañeros.

• Cuando el tema a debatir haya sido suficientemente discutido, lleguen a una conclusión. Tomen en cuenta que en los debates un punto de vista no necesariamente se impone sobre los demás.

■ Los secretarios redactarán un informe con las notas que tomaron. Revísenlo, corríjanlo y denlo a conocer a sus compañeros de la escuela. Pueden incluirlo en el periódico escolar.

DIFERENTES TEXTOS SOBRE UN TEMA

A continuación hay cuatro textos sobre un mismo tema que fueron escritos con distintas intenciones.

■ Lee con mucha atención cada uno de ellos:

1 *bee*

abeja s. f. 1. (*Apis mellifica*) Insecto himenóptero de la familia *Apidae*, que mide unos quince milímetros de largo; de color amarillo, está cubierto por un vello rojizo; sus hembras están provistas de aguijón. Vive en los panales que él mismo construye y forma colonias constituidas por una sola hembra fértil (abeja reina), varios machos (zánganos), cuya misión es fecundar a la reina, y numerosas hembras estériles (abejas obreras), que producen miel y cera. Se alimentan de polen y el néctar de las flores; con frecuencia se le domestica para usarlo como polinizador y para aprovechar sus productos. 2. Insecto de la misma familia, de la cual existen muchas especies, algunas de las cuales hacen sus nidos en galerías subterráneas.

2
Ataque de abejas a 50 personas en Michoacán

Marisela Silva, corresponsal, *Morelia, Mich., 29 de noviembre.* ■ Unas 50 personas fueron atacadas por abejas africanas que salieron de un panal de metro y medio de altura. El hecho sucedió en el municipio de Morelia.

Testigos presenciales dijeron que la abejas atacaron cuando se sintieron amenazadas por la presencia de un grupo de personas que se divertía en un día de campo.

3

Las abejas

José Juan Tablada

Sin cesar gotea
miel del colmenar;
cada gota es una abeja…

4

LA REINA DE LAS FLORES
M I E L   D E   A B E J A

honey

◆◆◆

*Lo que usted necesita para su salud es
consumir miel de abeja.
La miel contiene vitaminas A, B y C,
y todos los azúcares que requiere
su organismo. La miel es una
maravillosa fuente de energía.*

■ Tomando en cuenta las características de los textos anteriores,
escribe en el siguiente cuadro la información que se solicita.
Observa el ejemplo:

TEXTO	TIPO DE TEXTO	CON QUÉ INTENCIÓN FUE ESCRITO	DÓNDE SE PUEDE ENCONTRAR
1	*Definición de diccionario*	*Explicar el significado de una palabra*	*Diccionario*
2			
3			
4			

■ Compara tus respuestas con las de tus compañeros. Discutan
las diferencias que tengan y las razones por las que contesta-
ron de esa manera.

160

■ En este libro hay textos que fueron tomados de distintos lugares, y escritos con diversas finalidades. Reúnete con un compañero y elijan cuatro textos.

■ Cada uno haga en su cuaderno un cuadro como el anterior. Pongan el título de cada uno en la primera columna y llenen las otras tres con la información que se pide.

■ Comparen su cuadro y discutan la información que pusieron.

ELABORACIÓN DE TEXTOS

En este ejercicio vas a elaborar un texto con alguna de las siguientes intenciones: convencer, informar o expresar sentimientos.

■ Elige una de las tres opciones:

• Escribir una carta dirigida a los padres de familia para convencerlos de que contribuyan para comprar una dotación de pelotas que serán usadas por el grupo.

No olviden que el texto argumentativo debe incluir la idea que quieren transmitir, los datos o la información que la apoya y la conclusión.

• Escribir una nota para tu periódico escolar cuyo tema sea algún evento deportivo que se llevó a cabo.

Recuerden que la noticia debe responder a las preguntas: *qué*, *dónde*, *cuándo*, *cómo* pasó y *quién* o *quiénes* están involucrados.

• Escribir un cuento que narre alguna experiencia importante o curiosa que hayan tenido al visitar algún lugar de interés.

En este texto es importante que expresen con entera libertad sus emociones.

■ Para elaborar sus escritos consulten el anexo "Más ideas para redactar".

■ Al terminar de escribir el texto, formen pequeños grupos y cada quien lea su escrito a los demás. Comenten las características de cada uno ellos; si es necesario, corríjanlos entre todos.

■ Elijan la carta mejor escrita, más clara y convincente. Cópienla para que todos los alumnos del grupo la lleven a sus casas.

- Seleccionen las mejores noticias para incluirlas en su periódico.

- Elaboren una pequeña antología con los cuentos.

ACERCA DE LA LENGUA

- Observa lo siguiente:

Raúl <u>recitó</u> un poema <u>a sus abuelos</u>.
verbo   ¿A quiénes les recitó?

- Identifica el verbo de cada oración. Haz la pregunta *a quién le + verbo o a quiénes les + verbo*, igual que el ejemplo anterior. Subraya la parte que responda a esta pregunta.

Adriana y José cantaron una canción al bebé.

José explicó la tarea a sus compañeros.

Celia repartió limonadas a los miembros del equipo.

Las niñas contaron un cuento a su hermano.

- En tu cuaderno, sustituye las partes que acabas de localizar por los pronombres *le* o *les*. Fíjate en el ejemplo:

Raúl recitó un poema *a sus abuelos*. ⟶ Raúl *les* recitó un poema.

Se llama objeto indirecto a la parte de la oración que responde a las preguntas a quién le + verbo o a quiénes les + verbo y que puede ser sustituida por los pronombres le o les.

- En las oraciones de arriba, escribe *objeto indirecto* en la parte que corresponda. Después identifica el sujeto y el objeto directo.

- En las siguientes oraciones identifica el verbo, el sujeto, el objeto directo y menciona cuál de ellas tiene un objeto indirecto. Hazlo en tu cuaderno.

Los niños regalaron un juguete al perro.
Los niños regalaron al perro.

ORTOGRAFÍA

- Las palabras "cena", "Sena", "cegar", "segar", "seta" y "zeta" empiezan con el mismo sonido, aunque se representa con distintas letras: *c*, *s* y *z*. Reflexiona sobre el uso de esas letras, de acuerdo con el significado de las palabras.

- Completa las siguientes expresiones con la palabra correcta.

El cocodrilo _____ a sus víctimas con mucho cuidado.
(casa o caza)

Los cocodrilos son pesados. Atrapa uno para que lo

_____ .
(peses o peces)

Cuando van a beber agua, las manadas de _____
(ciervos o siervos)
son atacadas por los leones.

El cocodrilo se quedó muy quieto junto al _____ ,
(pozo o posó)
parece que _____ para la foto.
(posó o pozo)

A los cocodrilos hay que tratarlos con _____ cuidado.
(zumo o sumo)

- Lee las siguientes palabras. En tu cuaderno agrúpalas de acuerdo con su terminación.

zapat<u>azo</u>   amor<u>osa</u>   carr<u>azo</u>   port<u>azo</u>
herm<u>osa</u>   guitarr<u>aza</u>   preci<u>osa</u>   gust<u>osa</u>
moren<u>aza</u>   ruid<u>osa</u>   animal<u>azo</u>   manot<u>azo</u>
jug<u>oso</u>   tranc<u>azo</u>   verd<u>oso</u>   vist<u>osa</u>

- Completa la siguiente información:

Las palabras terminadas en ___*aza*___ o ___*azo*___ cuando

son aumentativas o dan idea de golpe, se escriben con _____.

Por ejemplo _____ y _____ . Los adjetivos

que terminan en_____ o _____ se escriben con

_____ . Por ejemplo _____ y _____ .

163

LEONARDO

Ibi Lepscky

Leonardo
era un muchacho
curioso y valiente;
pasaba el día entero
en el campo
observando
atentamente todo
lo que veía.

¿Por qué el arcoiris tenía aquellos colores tan maravillosos? ¿Por qué cuando echaba piedras al estanque se formaba una serie de círculos que iban ensanchándose más y más? ¿Y a dónde iban a parar las ramitas que tiraba en el arroyo?

Su padre estaba muy orgulloso de él, siempre atareado, lleno de imaginación. Y aunque trabajaba en la ciudad, siempre que le era posible iba al campo para estar con su hijo. Y cuando iba a visitarlo, se interesaba mucho por lo que hacía. Quería saber sus gustos y aficiones.

Un día le dijeron que, desde hacía tiempo, Leonardo no hacía más que construir objetos:

con ayuda de piedras y barro levantó un castillo con torres muy altas e incluso construyó un puentecito y un molino. El padre era **notario** y pertenecía a una familia en la que, desde hacía 200 años, todos eran notarios.

—Bien, bien —dijo él mientras lo observaba corretear con un *reguilete*. El padre de Leonardo pensó que su hijo llegaría a ser ingeniero, o quizás arquitecto y rompería con esa aburrida tradición de ser notario.

Muy satisfecho, se fue a la ciudad y le compró libros de ingeniería, mecánica y arquitectura. Pero cuando regresó le dijeron que Leonardo ya no construía castillos, ni puentes, ni molinos. Ahora sólo se dedicaba a observar los caracoles, los lagartos, las lagartijas y los grillos. También vigilaba las ranas, los sapos y las hormigas. Pasaba horas y horas observando las piedras, la forma de las flores, de las hojas, de los frutos y de los troncos de los árboles.

"Tal vez me he equivocado", reflexionó el padre al ver cómo Leonardo miraba encantado un escarabajo verde. Imaginó que seguramente Leonardo llegaría a ser un naturalista. Sí, tal vez se convertiría en un gran botánico, un geólogo quizás, y rompería con esa aburrida tradición de ser notario.

Muy satisfecho, se fue a la ciudad y compró libros de botánica, de ciencias naturales y geología. Sin embargo, cuando volvió a ver a Leonardo le dijeron que el muchacho ya no sentía afición por los insectos, por las piedras ni por las flores. No, de un tiempo a esta parte no hacía más que dibujar todo lo que veía: los **aperos** de los campesinos, las tinajas, las ovejas y los olivos. También dibujaba grandes figuras geométricas y complicadas **cenefas** decorativas, una maraña de nudos.

"Tal vez me he equivocado", pensó el padre al ver cómo Leonardo saltaba dentro y fuera de grandes cuadrados dibujados con yeso en el suelo. Entonces imaginó que seguramente Leonardo sería pintor. Sí, sin

duda Leonardo llegaría a ser un gran pintor y rompería con esa aburrida tradición de ser notario.

Muy satisfecho, se fue a la ciudad y compró pinturas, pinceles, grandes hojas de papel y libros de geometría y de dibujo artístico. Pero cuando volvió a ver a Leonardo le dijeron que el muchacho ya no dibujaba. No, de un tiempo a esta parte sólo fijaba su atención en observar cómo movían sus alas los pájaros cuando volaban, cómo se elevaban hasta el cielo, cómo giraban, cómo se dejaban llevar por el aire y cómo planeaban. Observaba, además, cómo el viento empujaba las nubes y cómo se movían las hojas que caían de los árboles hasta tocar el suelo. Incluso se había construido un papalote que subía muy alto.

Esa vez su padre se sintió muy disgustado. "Este muchacho es un inconstante —pensó mientras observaba a Leonardo, que correteaba sujetando el hilo de su papalote—, empieza un montón de cosas pero luego se cansa de todo. A este paso, también él acabará siendo notario". Y regresó a la ciudad muy desilusionado.

Sin embargo, cuando al cabo de algún tiempo fue a visitar a Leonardo, le dijeron que el muchacho había vuelto a interesarse por todo lo que hacía antes; y que además, ahora había construido dos grandes alas, pues tenía deseos de volar. Se había lanzado del tejado del pajar, y afortunadamente había caído sobre un montón de paja, por eso no se lastimó.

Aparte de todo había una novedad. De noche, Leonardo quería estar despierto para observar los planetas, las estrellas y la luna. Fue entonces cuando su padre comprendió que Leonardo no era inconstante ni superficial. Leonardo se interesaba por todo y dedicaba a cada cosa una atención extraordinaria.

Leonardo llegó a ser todo lo que su padre había pensado: ingeniero, arquitecto, pintor, botánico; sí, fue todo esto y más, mucho más de lo que su padre hubiera podido desear o siquiera imaginar. Todos lo conocemos: Leonardo da Vinci.

Catorce

INTERCAMBIO DE IDEAS

■ El texto que leíste narra cómo pudo haber sido la niñez de Leonardo da Vinci, un brillante sabio que vivió hace más de 500 años. Comenta la lectura con tus compañeros.

• ¿Por qué al padre de Leonardo no le gustaba la idea de que su hijo fuera notario?

• En un momento de la narración el padre creyó que su hijo acabaría siendo notario. ¿Por qué lo pensó? ¿Al final tuvo razón?

• En el primer párrafo del texto hay una serie de preguntas que Leonardo se planteaba. ¿Tienen ustedes alguna idea de cómo contestarlas? Si no lo saben elijan una pregunta y, después, busquen información sobre ese tema en la biblioteca. Presenten su trabajo al grupo.

ESCRIBE UN RESUMEN

Vas a elaborar el resumen de algunas partes del texto "Leonardo". Para hacerlo, sigue paso a paso estas indicaciones:

■ Lee el texto y subraya *únicamente* las partes que se refieran a la siguiente información:

• Las aficiones de Leonardo.
• Lo que el padre de Leonardo pensaba, creía o se imaginaba al darse cuenta de los gustos de su hijo.

Fíjate en el ejemplo:

<u>Un día le dijeron que, desde hacía tiempo, Leonardo no hacía más que construir objetos: con ayuda de piedras y barro levantó un castillo con torres muy altas e incluso construyó un puentecito y un molino.</u> El padre era notario y pertenecía a una familia en la que, desde hacía 200 años, todos eran notarios.

■ Enseguida encontrarás dos ejemplos de cómo hacer un resumen. Observa el primero y verás que en este caso sólo se copió la idea principal del texto.

TEXTO	RESUMEN
Un día le dijeron que, desde hacía tiempo, Leonardo no hacía más que construir objetos: con ayuda de piedras y barro levantó un castillo con torres muy altas e incluso construyó un puentecito y un molino.	Leonardo no hacía más que construir objetos.

Aquí tienes el segundo ejemplo donde se resumen varias palabras en una sola.

TEXTO	RESUMEN
Ahora sólo se dedicaba a observar los caracoles, los lagartos, las lagartijas y los grillos. También vigilaba las ranas, los sapos y las hormigas. Pasaba horas y horas observando las piedras, la forma de las flores, de las hojas, de los frutos y de los troncos de los árboles.	Observaba los animales, las piedras y la forma de las plantas.

¿Qué palabra se utilizó en el resumen en lugar de "los caracoles, los lagartos, las lagartijas, los grillos, las ranas, los sapos y las hormigas"? ¿Por qué no se usaron las palabras "También vigilaba"? ¿Se resumió la palabra "piedras"? ¿Por qué será?

■ Copia en tu cuaderno el cuadro de la siguiente página y resume las partes que subrayaste. Dependiendo de lo que dice el texto, puedes hacerlo de dos formas. Decide cuál conviene más en cada parte:

• Copiando la idea principal del texto, como en el primer ejemplo.
• Resumiendo varias palabras en una sola, como en el segundo ejemplo.

LAS AFICIONES DE LEONARDO	LO QUE PENSÓ, CREYÓ O IMAGINÓ EL PADRE DE LEONARDO
Leonardo no hacía más que construir objetos.	El padre de Leonardo pensó que su hijo llegaría a ser ingeniero o arquitecto.

- Compara tu cuadro con el de algún compañero y discutan cuál es la mejor manera de resumir cada parte. Corrijan lo que sea necesario.

- Cada quien redacte un resumen con las partes que tiene en sus cuadros. Para enlazar las ideas utilicen palabras que sirvan para indicar el orden de las acciones (*al principio, después, luego, finalmente*). También utilicen palabras que sirvan para indicar las consecuencias de las acciones (*por eso, así que, entonces, por tal motivo*). Ejemplo:

Al principio Leonardo no hacía más que construir objetos. *Por eso* el padre pensó que su hijo llegaría a ser ingeniero o arquitecto.

LAS PALABRAS Y SU SIGNIFICADO

- Lee los siguientes pares de palabras:

ilusionado / desilusionado	feliz / infeliz

- ¿Cuál es la diferencia de significado en cada par? Subraya la parte que modifica el significado.

Hay partes que se anteponen a las palabras y que modifican su significado, por ejemplo:

Sofía se <u>des</u>enredó el pelo.

↑

des- + enredó

■ Lee las palabras de abajo y en tu cuaderno construye antónimos agregando *des-*, *im-* o *in-*, según le corresponda a cada una. Por ejemplo: componer → descomponer.

| par | igual | capaz | suficiente | cargar | paciente | propio |

■ Escoge cuatro de las palabras que formaste y escribe varias oraciones. Si tienes dudas acerca de cómo escribir alguna palabra, consulta el diccionario.

LAS PARTES DEL TEXTO

■ Lee el siguiente texto sobre Leonardo da Vinci.

Leonardo da Vinci

Leonardo da Vinci nació el 15 de abril de 1452, en el pueblo de Vinci, en el centro de Italia. Su padre, Piero da Vinci, era un renombrado notario que trabajaba en Florencia.

A la edad de 17 años, Leonardo era ya conocido como un joven brillante y capaz, que se interesaba por la música, la escultura y el dibujo. Al darse cuenta del talento inusual de Leonardo, su padre mostró los dibujos de su hijo a Andrea del Verrocchio, un célebre escultor, **orfebre** y pintor de Florencia. Los siguientes siete años el joven estudió y trabajó con él.

Además de pintar, Leonardo estudió arquitectura, geometría e ingeniería. Durante su larga y fructífera vida fue famoso por sus investigaciones dentro de los campos de la física, la botánica, la astronomía, la biología y la filosofía; escribió bellos poemas, compuso melodías para los instrumentos que él mismo fabricó... En fin, no existió rama del arte, de la ciencia o de la técnica en la que Leonardo no hubiera contribuido con nuevas ideas y descubrimientos.

En 1506 Leonardo da Vinci comenzó el retrato más famoso del mundo: la *Monna Lisa*, también conocido como *La Gioconda*. Se cuenta que para pintar este cuadro, que muestra a una hermosa mujer con una extraña sonrisa, Leonardo llevaba al estudio personas que divirtieran a la dama, con el fin de que la obra no reflejara la tristeza que caracterizaba a otros retratos de la época.

Leonardo da Vinci, uno de los hombres más talentosos de todos los tiempos, murió en Francia el 2 de mayo de 1519.

■ Contesta en tu cuaderno las siguientes preguntas:

¿Qué fechas se mencionan en el texto?

¿Qué acontecimientos tuvieron lugar en esas fechas?

¿Por qué el padre de Leonardo fue tan importante en el desarrollo de sus obras?

¿En qué campos del arte y de la ciencia trabajó Leonardo da Vinci?

■ Compara los dos textos que has leído en esta lección sobre Leonardo y responde en tu cuaderno lo siguiente:

¿Qué información comparten los dos textos?

¿Qué texto narra solamente ciertas anécdotas de la existencia de Leonardo da Vinci y cuál menciona los momentos más importantes de su vida y sus principales obras?

¿Cuál de ellos ofrece datos más precisos? ¿Por qué?

En tu opinión, ¿cuál de los dos textos podría ser la biografía de este personaje? ¿Por qué?

> **Una biografía relata los principales acontecimientos de la vida de una persona: cuándo y dónde nació, sus obras principales y el lugar y fecha de su muerte. También se dan detalles del personaje que están relacionados con el desarrollo de su obra.**

■ Investiga la vida de alguna persona que te interese, por ejemplo un científico o un artista. Redacta una biografía que incluya la siguiente información:

• Cuándo y dónde nació.

• Sus principales obras y algunos detalles importantes de su vida.

• Cuándo y dónde murió (en caso de que haya fallecido).

INVENTOS Y MÁS INVENTOS

Leonardo da Vinci, además de ser un excelente científico y artista, fue un magnífico inventor. Imagínate: casi en la misma época en que Cristóbal Colón llegó a América, Leonardo diseñaba trajes de buzo, submarinos, aparatos voladores, ventiladores y hasta trampas para ratones. Algunos de estos inventos, por diversas razones, no funcionaron en su época, pero fueron reinventados varios siglos más tarde. En este ejercicio verás cómo tú también puedes ser inventor.

■ Piensa algunas situaciones problemáticas que te gustaría resolver, no importa qué tan disparatadas sean. Escribe en tu cuaderno todo lo que se te ocurra. Después escoge la situación que más te guste. Por ejemplo:

select / chose

- Inventar una máquina que prepare tortas.
- Medir la pata de una pulga.
- Contar los pelos de un gato.

- Diseñar un aparato que solucione exámenes.
- Cómo llevar una pirámide a la Luna.

measure

■ Piensa qué dificultades plantea la situación que elegiste y sus posibles soluciones. El procedimiento para resolver el problema puede estar formado por una serie de instrucciones o por el diseño de máquinas o instrumentos. Por ejemplo:

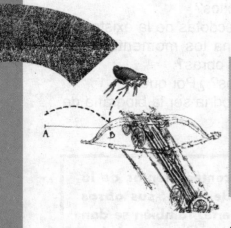

> *Para medir la pata de una pulga primero hay que pensar en un delicado mecanismo para atraparla sin apachurrarla; luego, hay que inventar una estrategia para que se quede quieta, por ejemplo haciéndole piojito en la cabecita, o poniéndole la música que más le guste; para medir la pata hay que crear un instrumento muy preciso, y una "pinza estiradora de patas de pulga".*

■ Dibuja la solución al problema que quieres resolver y observa si tiene los detalles que habías imaginado. Agrega lo que sea necesario.

■ Tomando en cuenta tu dibujo, redacta una descripción. Explica qué problema hay que solucionar y los pasos a seguir.

■ Muestra tu descripción y tu dibujo a un compañero. Fíjate si entiende la situación que quieres resolver y el procedimiento que inventaste para hacerlo. Haz los cambios necesarios para asegurar que otras personas comprendan tu invento.

INVESTIGACIÓN

■ Trabaja con un compañero. Lean el siguiente texto.

¿Cómo funciona un bolígrafo?
Los bolígrafos tienen un tubito de metal o de plástico donde llevan la tinta. En la punta tienen una esferita minúscula de acero. Cuando se hace correr el bolígrafo sobre el papel, la esferita rueda recubriéndose de tinta y así pinta el papel.

- Hagan un dibujo señalando las distintas partes del bolígrafo y platiquen para qué sirve cada una.

- Elijan cualquiera de estos objetos y expliquen cómo funciona.

  • Una lámpara de gas o petróleo.
  • Una bomba para rociar insecticida.
  • Un cierre para la ropa.

- Hagan un dibujo detallado del objeto elegido. Luego redacten su explicación; primero describan la forma que tiene cada parte y después la función que cumple.

ORTOGRAFÍA

- Una de las dudas ortográficas más frecuentes es el uso de *b* y *v*. Lee las siguientes palabras y fíjate en las combinaciones en dónde aparece la letra *b*:

obsequio	obtener	objeto	obvio	submarino
fábrica	blanco	pueblo	bruma	biblioteca

Existe una regla que ayuda a decidir en algunos casos:

Si inmediatamente antes de una consonante va el sonido que

podría ser representado con *v* o *b*, siempre se usará _____ .

Por ejemplo, todas las palabras que lleven las combinaciones

_____ y _____ se escriben con *b*, por ejemplo: *b*razo,

em*b*rujo, ha*b*la, ca*b*le.

- Haz una lista de diez palabras que tengan la letra *b* seguida de una consonante, y escribe algunas oraciones con ellas.

ORGANICEMOS UN CONCURSO
1a. parte

- Entre todos van a organizar un concurso. Decidan sobre qué quieren hacerlo. Por ejemplo:

  • Cuentos
  • Libretos de teatro
  • Dibujos
  • Inventos
  • Canciones

■ ˙Si hay otro grupo de sexto grado, pónganse de acuerdo para hacerlo juntos. Comenten los siguientes puntos y tomen nota de sus decisiones.

• Participantes. ¿Quiénes pueden participar? ¿Todos los alumnos de la escuela? ¿Sólo los de algún grado? ¿También pueden participar los maestros?

• Requisitos. ¿Qué se necesita para participar? ¿Qué formato hay que llenar para inscribirse? ¿Se vale participar con más de un trabajo?

• Fechas, premios y jurados. ¿Cuándo hay que inscribirse? ¿Cuándo hay que entregar los trabajos? ¿Quiénes van a formar parte del jurado? ¿Cuáles van a ser los premios y cuándo se entregarán?

Los niños que formen el jurado no pueden participar en el concurso. Ellos van a evaluar los trabajos.

haver

■ Hagan un cartel de invitación para el concurso. Fíjense en el ejemplo.

El grupo de 6° invita a todos los niños de la escuela a participar en el

GRAN CONCURSO DE CREACIÓN ARTÍSTICA

Participa con tus dibujos, poemas, libretos de teatro o disfraces.

Los trabajos pueden empezar a entregarse a partir del próximo lunes.

Para participar sólo tienes que llenar tu hoja de inscripción y echar a volar tu imaginación.

Si deseas más información solicítala a los niños de 6°.

■ Preparen formatos de inscripción con los datos de los participantes: nombre, grupo, edad, sexo y tipo de trabajo con el que concursan.

■ Hagan una carta a la dirección de la escuela solicitando permiso para hacer el concurso, expliquen de qué se va a tratar y cuándo va a ser. En la próxima lección encontrarán algunas ideas para organizar la siguiente parte del certamen.

■ Las siguientes oraciones son títulos de noticias del periódico. Cópialas en tu cuaderno, dejando varias líneas entre una y otra.

Arde el fuego en el sureste del país desde la semana pasada.
Los bosques de oyamel desaparecen rápidamente.
El campeón mundial de box viajará el jueves a Japón.
Ayer el Centro Espacial lanzó un satélite, con gran éxito.

■ Encierra en un círculo el verbo y subraya el sujeto. Escribe debajo de cada parte de la oración el nombre que le corresponda.

■ Observa lo siguiente:

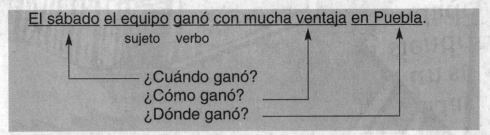

El sábado el equipo ganó con mucha ventaja en Puebla.
          sujeto   verbo

¿Cuándo ganó?
¿Cómo ganó?
¿Dónde ganó?

■ Vuelve a leer las oraciones y subraya con diferentes colores las partes que respondan a las preguntas *cuándo + verbo, cómo + verbo y dónde + verbo*. Fíjate bien, porque cada oración tiene solamente una o dos de estas informaciones.

Los **complementos circunstanciales** son las partes de la oración que dan información acerca del lugar, el tiempo o la manera como se realiza lo que expresa el verbo. Para reconocerlos se hacen las siguientes preguntas: cuándo + verbo, dónde + verbo o cómo + verbo.

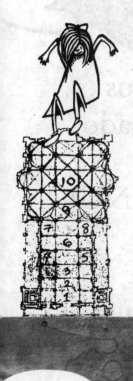

■ En las oraciones de tu cuaderno localiza cada tipo de complemento circunstancial y escribe si se refieren al lugar, al tiempo o al modo.

■ Trabaja con tus compañeros y tu maestro. En las siguientes oraciones encuentren los complementos circunstanciales. Identifiquen también el sujeto y el objeto directo.

Los niños buscaron cuidadosamente el estado de Morelos en el mapa.
El domingo varios terremotos sacudieron la ciudad de Tokio.

LOS DERECHOS HUMANOS

La Declaración Universal de los Derechos Humanos es un documento que fue firmado por los representantes de los países de la Organización de las Naciones Unidas (ONU), el 10 de diciembre de 1948, en París. En dicho acto, los gobiernos de esos países se comprometieron a respetar y a ayudar a que se cumpla esta Declaración.

Aquí tienes los puntos más importantes de algunos de los artículos que la integran.

ARTÍCULO 1º Todos los seres humanos nacemos libres, tenemos los mismos derechos y debemos comportarnos **fraternalmente** con los demás.

ARTÍCULO 2º Todos tenemos los derechos y libertades aquí mencionados, aunque tengamos diferente sexo, raza, nacionalidad, idioma, religión, opinión política o cualquier otra creencia.

ARTÍCULO 3º Nadie tiene derecho a torturar a otro ni a tratarlo de manera cruel, inhumana o degradante.

ARTÍCULO 7º La ley debe aplicarse a todos por igual.

ARTÍCULO 9º Nadie puede encarcelarte o **desterrarte** injustamente.

ARTÍCULO 11º Si te acusan de un delito, se te debe considerar inocente mientras no se demuestre que eres culpable. Además tienes derecho a defenderte. Nadie te puede acusar ni castigar sin una razón justa.

ARTÍCULO 12º Tienes derecho a pedir protección de la ley si alguien trata de perjudicarte, entrar a tu casa, abrir tu correspondencia o causar molestias a tu familia sin justificación.

ARTÍCULO 15º Tienes derecho a una nacionalidad.

ARTÍCULO 16º Cuando cumplas la edad prevista por la ley, tienes derecho a casarte y formar una familia. Al casarte, el color de tu piel, el país del que procedes o tu religión no deben ser un obstáculo. Nadie te puede obligar a contraer matrimonio con quien no quieras.

ARTÍCULO 19º Tienes derecho a pensar lo que quieras, a expresar lo que desees y a compartir tus ideas con otras personas. Nadie puede prohibirte que lo hagas.

ARTÍCULO 21º Tienes el derecho de participar en los asuntos políticos de tu país, perteneciendo al gobierno o eligiendo a través de votaciones a los políticos que tengan las mismas ideas que tú.

ARTÍCULO 23º Tienes derecho a trabajar, a elegir libremente tu trabajo, y a percibir un salario que te permita vivir y mantener a tu familia. Si un hombre o una mujer realizan el mismo trabajo, deben percibir el mismo pago.

ARTÍCULO 25º Si estás enfermo, si eres anciano, si tu mujer o marido han fallecido, o si no puedes ganarte la vida por causas ajenas a tu voluntad, tienes derecho a disponer de lo que necesites para que tú y tu familia no contraigan enfermedades, no pasen hambre, dispongan de vestido y vivienda y reciban ayuda.

ARTÍCULO 26º Tienes derecho y obligación de recibir educación en forma gratuita. Tienes derecho a continuar tus estudios y a aprender el oficio o profesión que desees.

ARTÍCULO 29º Todas las personas tienen obligaciones respecto de la comunidad en la que viven. La ley debe garantizar los derechos humanos. Debe permitir a cada uno respetar a los demás, y a su vez, ser respetado.

ARTÍCULO 30º Ninguna sociedad ni ser humano puede desarrollar actividades para destruir los derechos expresados en esta Declaración.

INTERPRETACIONES DEL TEXTO

■ Comenta con tus compañeros.

¿Habían escuchado hablar sobre esta Declaración? ¿Quiénes la firmaron? ¿Para qué sirve? ¿Conocen la Declaración de los Derechos de los Niños? Hay artículos que son parecidos. ¿Recuerdan algunos? En los Derechos de los Niños, hay uno que dice: "El niño, para el completo desarrollo de su personalidad, necesita amor y comprensión. Deberá crecer bajo la responsabilidad y el cuidado de sus padres". En esta Declaración no hay ningún artículo similar, ¿por qué?

■ La Declaración habla de los derechos que tienes y también de tus obligaciones. En tu cuaderno haz un cuadro como el siguiente, incluyendo otros artículos:

Derechos	Obligaciones
Art. 1º Todos somos libres y tenemos los mismos derechos.	Debemos comportarnos fraternalmente con los demás.
Art. 2º Todos tenemos los derechos y libertades que marca esta declaración aunque seamos diferentes.	Debemos respetar los derechos y libertades de los demás, aunque sean diferentes a nosotros.

INTERCAMBIO DE IDEAS

■ Juega con tus compañeros para conocer mejor los derechos humanos. Hagan equipos de cuatro alumnos.

■ Recorten 16 tarjetas del mismo tamaño y copien, en cada una, un artículo de la Declaración.

■ Preparen otras 16 tarjetas más chicas que las anteriores y copien en ellas cada una de las siguientes frases. Son expresiones breves que resumen los artículos que leyeron.

Nadie te puede tratar mal.

Eres inocente hasta que se demuestre lo contrario.

Tienes derecho a que te respeten y debes respetar a los demás.

Tienes derecho a que la ley te defienda si te quieren dañar.

Todos tenemos los mismos derechos, aunque seamos diferentes.

Tienes derecho a trabajar y a elegir el trabajo que más te guste.

Tienes libertad de pensamiento y de expresión.

Nadie te puede obligar a casarte con quien no quieras.

Todos somos libres y tenemos los mismos derechos.

Tienes derecho a una nacionalidad.

Todos somos iguales ante la ley.

Nadie puede ignorar los Derechos del Hombre.

Puedes participar en los asuntos políticos de tu país.

No te pueden mandar a la cárcel o fuera de tu país injustamente.

Tienes derecho a la salud, a la vivienda y a la seguridad social.

Tienes derecho a la educación.

■ Coloquen las tarjetas grandes sobre una mesa o sobre el piso, de manera que se puedan leer. No importa en qué orden queden.

■ Revuelvan las tarjetas chicas y colóquenlas boca abajo. Por turnos, cada participante volteará una y la leerá en voz alta.

■ Después buscará entre las tarjetas grandes el artículo de la Declaración que le corresponda y lo leerá a sus compañeros para que decidan si es el correcto. Si acertó, se quedará con las dos tarjetas; si no, las devolverá a su lugar. Gana el niño que junte más tarjetas.

INVESTIGACIÓN

La Declaración Universal de los Derechos Humanos está formada por treinta artículos. Aunque todos son muy importantes, aquí sólo has leído las ideas principales de algunos de ellos.

■ Investiga en la Biblioteca de Aula, Biblioteca Escolar o en la biblioteca pública cómo es la Declaración completa. Escribe en tu cuaderno los artículos que faltan aquí. No los copies, sólo anota con tus propias palabras lo que te parezca esencial de cada uno.

Fíjate muy bien porque la Declaración es un documento jurídico, y a veces tiene expresiones que no son fáciles de entender. Si es necesario, pide a alguien que te explique lo que no comprendas.

LOS FORMATOS

Algunas veces, al solicitar algún servicio se requiere presentar una carta explicando lo que se pide. Otras, hay que llenar documentos impresos llamados formatos. Por ejemplo, para entrar a la secundaria es necesario llenar una solicitud de inscripción; cuando se quiere enviar un telegrama, también hay que llenar un formato.

■ Elige algo que te interese saber. Por ejemplo:

• Cómo solicitar servicios en la clínica más cercana.
• Qué trámites deben hacerse para ingresar a la secundaria.
• Qué se necesita para pedir libros en una biblioteca pública.

■ Esta información puedes obtenerla en la institución donde proporcionan el servicio. Dirígete a la persona encargada de darla o al módulo de información y pregunta todo lo que te parezca importante, por ejemplo:

¿Qué documentos se necesitan?
¿Es gratuito o no?
Si cobran, ¿cuánto hay que pagar?
¿Se hace algún tipo de examen de conocimientos, médico o algún otro?

■ Comparen en grupos la información que obtuvieron y comenten:

¿Qué datos les pidieron cuando fueron a solicitarla?
¿Se requiere llenar algún formato para solicitar el servicio?
¿Hay que presentar algún documento personal, como el acta de nacimiento?

Hay distintos formatos y algunos son muy complicados. Para llenarlos correctamente, sigue estas recomendaciones:

• Antes que nada, analiza el formato y lee atentamente los datos que se solicitan.
• Si estás en una oficina pública y tienes dudas sobre la manera de llenarlo, pregunta a la persona indicada todas las veces que lo necesites.
• Cuando termines, léelo para asegurarte que los datos estén completos y bien escritos.

■ Este es un formato como los que se tienen que llenar para entrar a la secundaria. Complétalo.

SOLICITUD DE PREINSCRIPCIÓN A PRIMER GRADO DE SECUNDARIA
PERIODO LECTIVO 2005-2006.

Nombre _____

PRIMER APELLIDO   SEGUNDO APELLIDO   NOMBRE (S)

☐☐☐☐☐☐   ☐ M ☐ F

FECHA DE NACIMIENTO   SEXO

Domicilio _____

CALLE   NÚMERO

_____

COLONIA / LOCALIDAD   DELEGACIÓN POLÍTICA / MUNICIPIO

_____

ENTIDAD FEDERATIVA   CÓDIGO POSTAL

Otras escuelas de su elección:

2a. opción _____

3a. opción _____

Si tiene hermanos en esta escuela, especificar:

NOMBRE   GRUPO

_____

_____

_____   _____

LUGAR Y FECHA   FIRMA DEL ASPIRANTE

■ Lee estas indicaciones y revisa cómo llenaste el formato.

• Recuerda que los datos deben estar completos y el nombre debe escribirse como aparece en el acta de nacimiento.

• Fíjate que debajo de algunos renglones se especifica lo que hay que escribir, por ejemplo: primer apellido, segundo apellido, nombre. Eso indica que los datos que se piden tienen que ponerse en ese orden y no en otro. Revisa cómo pusiste tu nombre y tu domicilio.

• La fecha de nacimiento casi siempre se pide abreviada. Primero hay que poner los dos últimos números del año, luego el número del mes y finalmente el día. Si estos dos últimos tienen únicamente un dígito, hay que poner un cero antes. Por ejemplo, si alguien nació el 3 de mayo de 1985, tendría que poner 85 05 03.

• Cuando aparecen opciones para elegir, hay que tachar o encerrar alguna. Por ejemplo:

$$\boxed{M}\,\boxed{F}$$

SEXO

Si eres una niña debes marcar con una cruz la F (femenino), y si eres un niño tienes que marcar la M (masculino).

■ Cuando termines de revisar todos los datos, pon tu firma. Muchos formatos y documentos no son válidos sin ella.

DOCUMENTOS LEGALES

Existen distintos documentos que se elaboran cuando se hace algún trámite, por ejemplo, al comprar o vender alguna propiedad o al recibir el pago por algún trabajo. En esos casos es necesario tener alguna constancia por escrito para cualquier aclaración.

■ Investiga qué tipo de documentos se hacen en el momento de realizar algún trato. Trae una copia de alguno a la escuela. Puede ser un recibo, un pagaré, una factura o una carta de venta. Platica con tus compañeros:

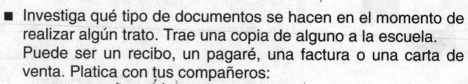

¿Para qué sirve ese documento?
¿Qué datos tiene?
¿Cuándo lo hicieron?
¿Qué trato se realizó con él?

■ Observa los siguientes documentos. Fíjate en los datos que tienen y revisa junto con tus compañeros si alguien trajo alguno similar.

CARTA DE VENTA

Saltillo, Coah., junio 30 de 2004.

Por medio de la presente hago constar que yo, Agustín Martínez, he vendido al Sr. Javier Sánchez un becerro negro con una mancha blanca en la oreja derecha, por la cantidad de $ 600.00 (seiscientos pesos 00/100 M.N.). Dicha cantidad me fue pagada y la recibí a mi entera satisfacción.

_____
Agustín Martínez

_____   _____
Testigo   Testigo

RECIBO

San Pedro, Jal., 6 de julio de 2004.

Recibí del Sr. José Luis Oropeza la cantidad de $ 200.00 (doscientos pesos 00/100 M.N.), por concepto de trabajos de albañilería realizados en la calle de Allende 24 durante el mes de mayo de 2004.

_____
Mario Domínguez

PAGARÉ

México, D.F., 22 de enero de 2004.

Debo y pagaré incondicionalmente la cantidad de $ 80.00 (ochenta pesos 00/100 M.N.) a la orden de la Sra. Ángela Gómez, el día 28 de febrero de 2004, por concepto del préstamo que me hizo.

_____
Jesús Flores

■ Ahora fíjense quiénes participaron en el trato y contesten las siguientes preguntas para los documentos de la página anterior y los que trajeron al salón.

¿Quién o quiénes lo firman?
¿Quién debe conservar el documento? ¿Para qué?
¿Qué sucedería si lo guardara la otra persona? ¿Por qué?

■ Con las abreviaturas que hay en los documentos, hagan una lista en su cuaderno. Si desconocen su significado, investíguenlo.

Está por terminar el plazo para inscribirse y entregar los trabajos para el concurso. Si invitaron a niños de otros grupos, pasen a sus salones a avisarles, para que tengan sus materiales listos.

PARA HACER TRATOS

■ Organícense en parejas para jugar. Uno de ustedes elija una de las siguientes situaciones:

• Te vendo mi burro que tiene las patas blancas.
• Préstame diez pesos y te los pago el próximo lunes.
• Véndeme una grabadora con radio y dos bocinas.
• Llevé a componer mi plancha, me costó $15.00 y pagué por adelantado.

■ Decidan qué documento deben elaborar: un recibo, una factura, un pagaré, una carta de venta u otro. En los documentos que trajeron y los ejemplos de la página anterior, busquen uno que sea similar al que necesiten.

■ Revisen que la información del documento esté completa. Recuerden que es importante que los datos sean correctos para que puedan hacer cualquier reclamación, si fuera necesario.

■ Cuando el documento esté listo, fírmenlo. Fíjense bien, porque no siempre deben firmarlo las dos personas que hacen el trato. Decidan quién debe quedarse con él.

¡SÍ!

- Cada quien presentará una reclamación ante el grupo. Antes de empezar, lean las siguientes situaciones:

  • Se me escapó el burro de patas blancas que compré y lo encontré en el terreno de un señor que dice que el animal es suyo.
  • El señor dice que ya me pagó el dinero que le presté.
  • Quise utilizar mi aparato nuevo pero el radio no sirve.
  • No me quieren entregar la plancha porque dicen que no he pagado.

- Elijan a tres jueces para que revisen los documentos.

- Escojan la situación de reclamo correspondiente al documento que tengan, y preséntenla a los jueces.

  Select / choose

- Por turnos, lean en voz alta el documento y muéstrenlo.

- Los jueces revisarán que el documento tenga los datos necesarios para aceptar la reclamación:

  • Nombre completo de las personas que hicieron el trato.
  • Lugar y fecha en que se realizó el convenio.
  • Descripción del artículo o servicio.
  • Cantidad de dinero escrita con letra y número.
  • Firmas necesarias.

- Si el documento reúne todos los requisitos, el niño que presentó la queja lo recuperará y ganará el pleito. Si el documento está incompleto, los jueces se quedarán con él y será el turno de otro niño.

ORTOGRAFÍA

- Lee con cuidado las siguientes oraciones:

  1 . Querida tía Camila:
  Ojalá pudieras venir a mi fiesta de cumpleaños el próximo sábado.

  2. Existen distintos derechos, por ejemplo: el derecho a la salud, a la alimentación y al trabajo.

  3. Después de mirar el cielo, la niña dijo: "Quiero esa estrella".

- Los ejemplos anteriores tienen algo en común. ¿Qué es?

■ Los dos puntos tienen distintos usos. Aquí hay algunos. Léelos y escribe en la línea el número de la oración en la que los dos puntos se utilizaron con esa función.

Se colocan después de expresiones como:
así, de este modo, por ejemplo, lo siguiente. _____

Se usan antes de una cita textual que va precedida por palabras como: *expresó, dijo, afirmó, concluyó.* _____

Se ponen después del nombre o la frase con la que nos dirijimos a alguien en cartas y escritos similares. _____

■ Escribe un ejemplo de cada uso de los dos puntos.

■ Busca en tu libro de *Lecturas* "Así era Morelos". Lee con cuidado y fíjate para qué se usan los dos puntos en ese texto.

ACERCA DE LA LENGUA

■ El siguiente cuadro resume lo que has aprendido sobre las partes de la oración. En la primera columna están las preguntas con las que se pueden identificar; en la segunda, el resto de las características de cada parte. Léelo cuidadosamente.

SUJETO	
quién, quiénes o *qué* + el verbo de la oración	El sujeto concuerda con el verbo y se puede sustituir por los pronombres personales *yo, tú, él, ella*, etcétera.
OBJETO DIRECTO	
a *qué* o a *quién* + el verbo de la oración	El objeto directo se puede sustituir por los pronombres personales *la, lo, las* o *los*.
OBJETO INDIRECTO	
a quién le o *a quiénes les* + el verbo de la oración	El objeto indirecto se puede sustituir por los pronombres personales *le* o *les*.
COMPLEMENTOS CIRCUNSTANCIALES	
cuándo, dónde o *cómo* + el verbo de la oración	Estos complementos no se pueden sustituir por ningún pronombre personal.

■ Tomando en cuenta la información anterior, localiza en cada una de las siguientes oraciones el verbo, el sujeto, los objetos directo e indirecto, así como los complementos circunstanciales; subraya cada uno con un color diferente.

Los vecinos escribieron un documento a las autoridades.

Los camiones contaminan el ambiente en forma alarmante.

El mes pasado Armando regaló dos toros a mi tío Eraclio.

Los perros acompañaron a sus dueños a la punta del cerro.

Anoche Josefina llevó guayabas a la casa de sus papás.

■ En tu cuaderno, sustituye los sujetos, los objetos directos y los indirectos por el pronombre que corresponda. Para cada sustitución, escribe una oración distinta. Por ejemplo:

Los vecinos escribieron un documento a las autoridades.
    sujeto   verbo   o. directo   o. indirecto

Ellos escribieron un documento a las autoridades.
Los vecinos *lo* escribieron a las autoridades.
Los vecinos *les* escribieron un documento.

**ORGANICEMOS
UN CONCURSO
2a. parte**

Estas actividades son para quienes forman el jurado que calificará los trabajos concursantes.

■ Avisen a todos los participantes que tienen dos días más para entregar sus trabajos.

■ Reúnanse para evaluar los trabajos recibidos y sepárenlos por modalidades, de acuerdo con la convocatoria.

■ Entre todos decidan lo siguiente:

• Qué tipo de trabajos van a premiar: los más originales, los más divertidos, los mejor presentados o los mejor escritos.
• Cómo van a premiar a los ganadores.
• Si darán una carta de felicitación o un diploma, y cómo van a redactarlos.

■ Elijan los trabajos premiados. Preparen los premios. En la siguiente lección encontrarán la última parte del concurso.

CADA DÍA, AL VERNOS EN EL ESPEJO, SALUDÁBAMOS A ALGUIEN DISTINTO.

LA PRIMARIA ESTABA A PUNTO DE ACABAR. AL AÑO SIGUIENTE HABRÍA OTROS ALUMNOS EN SEXTO, Y NOSOTROS ESTARÍAMOS INICIANDO UNA NUEVA ETAPA.

MUY PRONTO HARÍAMOS EL EXAMEN PARA LA SECUNDARIA. SENTÍAMOS MUCHAS COSAS: ESTÁBAMOS TRISTES, CONTENTOS Y NERVIOSOS. ¡TODO A LA VEZ! SEBASTIÁN TUVO QUE DESPEDIRSE...

Tal vez nunca vuelva a ver a mis compañeros de primaria... Pero sé que nunca, nunca los olvidaré... Tampoco dejaré de leer, porque descubrí en los libros que el mundo está hecho no sólo de cosas, sino de historias, de amores y de lo que cada quien va construyendo a lo largo de su vida...

FIN

MEXICO-CULIACÁN

En cada viaje un amor... tiguador.

Dieciséis

INTERPRETACIONES DEL TEXTO

- Uno de los aspectos más importantes para entender una historieta es el orden en que se deben leer los cuadros que la forman. En la historieta "Casi el final", cada cuadro tiene un espacio para que escribas el número que le corresponde, según la secuencia de la historia. Fíjate en lo que sucede en cada cuadro y numéralos.

- Escribe en forma de cuento la historia que se presenta en "Casi el final". Pon atención en aquellas partes en las que es necesario describir lo que muestran los dibujos.

- Junto con tus compañeros trae al salón libros, revistas y periódicos con historietas. Los vas a usar en algunos ejercicios.

LAS PARTES DEL TEXTO

- Las historietas tienen varios elementos, obsérvalos:

- Coloca en el cuadro anterior los números que correspondan a cada una de las siguientes partes:

  1. Recuadro narrativo.
  2. Globo con diálogo.
  3. Globo con pensamiento.
  4. Globo con dibujo que representa una idea.
  5. Onomatopeya.

- Fíjate en los siguientes cuadros. Completa con dibujo y texto el cuadro del centro.

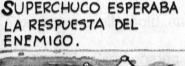

SUPERCHUCO ESPERABA LA RESPUESTA DEL ENEMIGO.

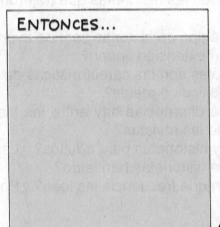

ENTONCES...

TODOS QUEDARON MARAVILLADOS.

- Comenta con tus compañeros lo siguiente: ¿Hicieron lo mismo en el cuadro del centro? ¿Sin ese cuadro se puede saber por qué sucedió lo que se observa en el último? ¿Qué otra cosa pudo haber pasado en ese cuadro? ¿Qué sucedería si los cuadros estuvieran en otro orden? ¿Se entendería la historia?

> **En la mayoría de las historietas, los cuadros se leen de izquierda a derecha y de arriba hacia abajo. En algunos casos, traen flechas o pequeños números que indican el orden a seguir.**

ELABORACIÓN DE UNA HISTORIETA

- Hacer historietas puede resultar más sencillo de lo que te imaginas. Para preparar una, decide lo siguiente:

  ¿Quiénes y cómo son los héroes? ¿Cuál es la misión que deben cumplir? ¿Qué aventuras vivirán? ¿A qué adversarios se enfrentarán? ¿Cuál será el desenlace?

- Identifica cuáles son los distintos momentos de tu historia y en qué lugar se desarrollará cada uno. Dibuja un cuadro para cada uno de esos momentos, incluyendo los siguientes elementos: recuadros narrativos, diálogos, globos con pensamientos y onomatopeyas.

- Intercambia tu historieta con algún compañero y corrígela tomando en cuenta sus opiniones.

INTERCAMBIO DE IDEAS

- Revisen las historietas que trajeron al salón y comenten:

¿Qué tipo de historias son: de aventuras, biográficas, cómicas? ¿Qué extensión tienen?

¿Cuáles son las características de los personajes? ¿Son seres fantásticos o reales?

¿Qué diferencias hay entre las historietas de los periódicos y las de las revistas?

¿Hay historietas para adultos? ¿Las hay para niños?

¿Qué historietas han leído?

¿Con qué frecuencia las leen? ¿Por qué les gustan?

DIBUJOS EN EL PERIÓDICO

El uso de dibujos en las publicaciones periódicas es frecuente. En casi todos los diarios aparecen como una forma de opinar sobre la información que presentan o para divertir a los lectores.

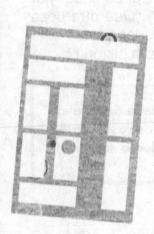

- Revisen los periódicos que hay en su salón y comenten:

¿Hay dibujos? ¿Cómo son?

¿En qué secciones se encuentran?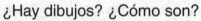

¿Tienen que ver con las noticias?

¿Se entienden sin leer la noticia?

> **En el periódico hay dos tipos de dibujos: los de un solo cuadro, llamados cartones, que presentan la opinión sobre alguna noticia o acontecimiento, y los compuestos por una secuencia de cuadros en los cuales se narran pequeñas historias; a estos últimos se les llama tira cómica.**

- Algunas tiras cómicas que se publican en los periódicos no tienen texto. Fíjate en la que aparece en la página siguiente y escribe la historia que se presenta.

■ Compara con tus compañeros lo que escribiste. ¿Todos entendieron lo mismo?

■ Lean algunas de las noticias que han escrito para su periódico, elijan una y elaboren un cartón.

LO QUE DICEN LOS PERSONAJES

■ Observa el siguiente cuadro de historieta:

■ Aquí hay dos formas de narrar lo que la niña comentó. Léelas con mucha atención.

TEXTO 1	TEXTO 2
La niña dijo: "Mañana vamos a terminar nuestra investigación".	La niña dijo que mañana iban a terminar su investigación.

■ Subraya en los textos lo que mencionó la niña y contesta las siguientes preguntas:

¿En cuál texto se utilizan exactamente las mismas palabras que dijo la niña?
¿Cuáles son las palabras que cambian en el texto 2?
¿Qué otras diferencias hay entre el texto 1 y el 2?

> **Cuando se narra lo que una persona dijo y se utilizan las mismas palabras que usó, se hace en discurso directo, como en el texto 1. En cambio, cuando se cuenta lo que otro expresó sin transcribir fielmente sus palabras, se está narrando en discurso indirecto, como en el texto 2.**

■ Vuelve a leer el cuadro de la página anterior y escribe en tu cuaderno lo que dijo el niño, pero transformándolo a discurso indirecto.

■ En las siguientes oraciones está escrito de manera indirecta lo que dijeron Ana, Gabriela y Marta. Transfórmalo usando discurso directo.

Ana dijo que en sus vacaciones iría al mar, a la montaña o al desierto.

Gabriela dijo que corrigió la tarea de Beatriz.

Marta dijo que le gustaban las tostadas de pata que venden en el mercado del centro.

■ Vuelve a leer los cuadros 7, 8 y 9 de la historieta "Casi el final" y, utilizando discurso indirecto, escribe en tu cuaderno lo que dicen los personajes.

EL NIÑO DE
LOS CUADRITOS

❦

Ziraldo

MELHORAMENTOS
SEP

LOS SATÉLITES
DE SATURNO

❦

Telescopio de papel

SIRIUS

TIERRA
Y LUNA

❦

Telescopio de papel

SIRIUS

■ Lee el siguiente texto:

El viernes pasado no hubo clases, Ramiro y yo fuimos al parque deportivo que está cerca del <u>bulevar</u>. El papá de Ramiro, que es <u>chofer</u>, nos llevó en su coche. Como el señor tenía frío, iba muy bien arropado con un saco <u>beige</u> muy grueso; en cambio nosotros íbamos en <u>shorts</u>; jugamos <u>futbol</u> con otros muchachos y yo anoté un <u>gol</u>.

■ Lee las definiciones de las palabras que están subrayadas.

beige Palabra francesa aplicada al color ocre.

bulevar (Del francés "boulevard") Calle ancha, con árboles, que rodea una ciudad o parte de ella.

chofer (Del francés "chauffeur") Conductor de automóvil, a quien se le paga para que haga ese trabajo.

futbol (Del inglés "football") Deporte que se juega entre dos equipos de once ju-gadores cada uno y consiste en patear una pelota para procurar que alguno la meta en la portería del equipo contrario.

gol (Del inglés "goal") En los juegos de futbol, hockey y otros, punto que se gana cuando uno de los equipos consigue una anota-ción en la portería del equipo contrario.

shorts Palabra inglesa con que se desig-nan los pantalones cortos usados por hombres o mujeres.

■ Con ayuda de las definiciones contesta en tu cuaderno las siguientes preguntas: ¿Qué palabras provienen del inglés? ¿Cuáles provienen del francés?

■ Haz una lista con las palabras subrayadas y compara cómo se escriben en la lengua de la que provienen. Observa que algunas cambian su escritura al pasar al español, por ejemplo, "chofer" de "chauffeur"; otras, no cambian, como "shorts".

Se consideran **préstamos** las palabras que pertenecen a una lengua y que han pasado a formar parte del vocabulario de otra. El español tiene muchos préstamos de otras lenguas. Por ejemplo, el francés aportó al español palabras como "hotel" y "jardín". Del inglés, se han tomado prestadas palabras que se refieren a los deportes, como "box" y "round", a las modas como "rock" y "jeans", a la comida como "sándwich" y "hot dog". Los préstamos que provienen del francés se llaman **galicismos** y los que provienen del inglés se llaman **anglicismos**.

■ El siguiente texto es el inicio del cuento titulado "Sangalote". Al transcribirlo en esta página, se le quitaron todos los signos de puntuación y las mayúsculas, y se unieron los párrafos. Léelo con mucha atención.

había una vez un barrendero que se llamaba sangalote de esos que barren las calles con unas escobas bien largas pero sangalote tenía un defecto muy feo creía siempre tener la razón y por lo tanto era muy terco un día barriendo barriendo se encontró una moneda y se puso a pensar en voz alta diciendo qué compraré si compro pan se me desmorona si compro queso me lo comen las ratas si compro azúcar se me acaba compraré garbanzos y compró garbanzos al día siguiente se fue a trabajar llegó a una casa tocó y cuando le abrieron dijo buena señora quiere que le barra su calle cómo no señor bárrala usted bueno está bien dijo sangalote pero y dónde dejo mis garbanzos allí déjelos en el corral le contestó la señora y sangalote se fue a barrer

■ Comenta con algunos de tus compañeros las dificultades que tuviste al leerlo.

■ Ahora van a trabajar en equipo:

• Uno de ustedes leerá el texto en voz alta. Los demás le pedirán que se detenga donde crean que podría colocarse un signo, una mayúscula o donde empieza un nuevo párrafo.

• Después de cada interrupción, comenten:

¿Qué signos podrían ir?
¿Dónde podría ir una mayúscula?
¿Cómo se dieron cuenta?

■ Antes de que su compañero continúe, escriban en su cuaderno la parte que leyó, con la puntuación y las mayúsculas que decidieron colocar.

■ Comparen su trabajo con el de otros equipos y comenten qué signos de puntuación usaron.

■ Si quieren leer el cuento completo, búsquenlo en los Libros del Rincón. Se encuentra en un ejemplar cuyo título es *Cuentos de Pascuala*.

ORGANICEMOS UN CONCURSO
3a. parte

■ Entre todos van a organizar la premiación y la presentación de los trabajos que participaron en el concurso. Aquí tienen algunas sugerencias:

• Si el concurso fue de dibujos, preparen una exposición.
• Si fue de disfraces, organicen un desfile.
• Si fue de teatro, escenifiquen las obras premiadas.
• Si fue de cuentos, organicen una sesión de lectura.

■ Distribúyanse las tareas para la organización del evento. Recuerden que deben planearlo con anticipación.

■ Entreguen cartas de felicitación o diplomas a los niños ganadores.

■ No olviden invitar a padres de familia, alumnos y maestros de otros grupos.

UNA HISTORIETA PARA TERMINAR

■ Elabora una historieta donde narres algunas experiencias interesantes y bonitas que te haya motivado este libro. Aquí tienes un ejemplo de lo que podría ser el principio, agrega todos los cuadros que necesites.

MÁS IDEAS PARA REDACTAR

Cuando se escribe, igual que cuando se habla, es con el fin de comunicar algo; inclusive cuando se elaboran notas personales o un diario, se hace para comunicarse con alguien, aunque ese alguien sea uno mismo. Siempre que se hace un escrito existe alguna razón y fines muy específicos.

A veces, elaborar un texto parece un reto muy difícil; pero si antes de empezar a escribir tomas en cuenta algunos aspectos, ese reto puede convertirse en una tarea muy interesante y a veces hasta divertida. Aquí tienes algunas recomendaciones para que te sea más fácil comunicarte por escrito. Cada vez que necesites hacer un texto, procura contestar las siguientes preguntas:

¿Quién va a leer el texto?

Es importante tener en cuenta quién va a leer tu escrito. Puede ser que esté dirigido a personas conocidas o desconocidas, de tu misma edad, más pequeñas o adultas. También debes reflexionar qué es lo que saben y qué es lo que no saben acerca del asunto que estás tratando. Dependiendo de todo esto tendrás que decidir cómo desarrollar el tema para que te comprendan y se interesen por tu texto.

¿Con qué intención escribes?

Es necesario determinar el propósito con el que vas a escribir, por ejemplo: expresar tus sentimientos, convencer a alguien, dar cierta información, expresar tu desacuerdo sobre un asunto, solicitar o explicar algo.

Mientras escribes no pierdas de vista para qué y por qué lo haces. Por ejemplo, si tu intención es persuadir a alguien deberás concentrarte en cómo exponer claramente tus puntos de vista y tus argumentos. Si tu texto logra convencer a esa persona, habrá cumplido su función.

¿Qué tipo de texto es necesario hacer?

Decide cuál es el tipo de texto más apropiado en cada situación, por ejemplo: una carta, un cuento, una entrevista, un texto informativo, un libreto de teatro, una historieta, un instructivo, un cartel, una invitación, etcétera.

¿Cuáles son las partes que debe llevar el escrito?

Cada tipo de texto se organiza de manera distinta. Por ejemplo, una carta tiene que llevar ciertos datos que no se requieren en un recado; cuando se escribe un libreto de teatro es necesario manejar ciertos elementos que son diferentes a los de un cuento; un informe de investigación se prepara de forma distinta que una noticia de periódico.

¿Qué tipo de lenguaje es el más apropiado?

Dependiendo del tipo de texto que escribas, de la intención que tengas al hacerlo y de la persona a la que esté dirigido, elige el lenguaje que utilizarás. Puede ser informal, como cuando le escribes una carta a un amigo, o formal, como cuando te diriges a una autoridad.

Hay textos en los que generalmente se emplea un tipo de lenguaje. Por ejemplo, si haces una historieta puedes escribir de manera informal, pero si escribes una nota para el periódico, es mejor que te expreses con más formalidad.

¿De qué o de quién se quiere hablar?

Especifica el tema que vas a trabajar.

¿Qué es interesante o qué es necesario decir?

En este caso puede ser útil elaborar una lista de los aspectos que quieres trabajar sobre el tema que elegiste. Conviene que no olvides cuál es el tema principal y cuáles son sólo detalles que lo apoyan.

Cuando tengas claros todos estos puntos, escribe la primera versión de tu texto.

MÁS IDEAS PARA PREPARAR TEMAS

Para preparar y presentar un tema ante el grupo es necesario buscar y organizar información relacionada con él. Aquí tienes algunas indicaciones que te ayudarán a realizar con mayor facilidad esta tarea:

Búsqueda de información

Una vez que está decidido el tema general que vas a abordar, uno de los aspectos importantes para su preparación es saber qué, dónde y cómo localizar la información requerida. Para hacerlo puedes guiarte con las siguientes preguntas:

¿Qué debo buscar?

• Haz una lista con todas las preguntas que se te ocurran y que estén relacionadas con el tema.

• Haz una lista de las cosas que ya sabes y de las que te gustaría o necesitas saber sobre la materia.

¿Dónde y cómo debo buscar?

• Identifica el tema general al que pertenecen las preguntas de tu listado (ciencias naturales, literatura, historia, etcétera).

• Averigua en qué materiales impresos puedes encontrar la información (enciclopedias, libros de texto o especializados, revistas, periódicos) y en dónde se localizan.

• Cuando el tema lo permita, puedes obtener información mediante entrevistas. En ocasiones es necesario recurrir a otras fuentes de información, como la radio o la televisión.

• Cuando obtengas los materiales, haz una revisión general; lee los índices y títulos de las secciones o capítulos que se relacionen con las preguntas que te planteaste y elige los que creas que te sirvan.

Selección y organización de la información

Al preparar un tema, no toda la información disponible es necesaria o tiene la misma importancia. Seleccionar y organizar la información es otro paso importante.

• Revisa las preguntas que te planteaste y decide cuál material es importante y cuál no lo es.

• Haz una lectura general del material seleccionado (capítulo, sección). Después vuelve a leer por partes y haz notas sobre las ideas principales del texto, los problemas planteados y las soluciones propuestas.

• Elabora una ficha de trabajo para cada uno de los materiales revisados y redacta un comentario personal sobre la información que contiene. Estas fichas te servirán para elaborar un trabajo por escrito o para hacer tu exposición.

• Elabora un esquema general de presentación de la información que te permita, al igual que las fichas de trabajo, redactar tu informe o apoyar tu exposición oral. Fíjate en el siguiente ejemplo:

Título de la investigación	EL ACERO
Tema Subtemas	1 Historia del acero.
	1.1 Las aleaciones en la antigüedad.
	1.2 La aparición del acero.
	1.3 Importancia en la construcción.
Tema Subtemas	2 Características y fabricación.
	2.1 Diferentes tipos de acero.
	2.2 Elementos que lo forman.
	2.3 Los altos hornos.
	3 Conclusiones

Presentación de la información

Los temas de estudio se preparan con dos propósitos: elaborar un texto (un informe para los compañeros y maestro, un reporte para el periódico) o exponer oralmente ante el grupo.

• Cuando tengas que redactar un informe o reporte, utiliza las fichas de trabajo y el esquema que elaboraste.

• Cuando se expone un tema es necesario elaborar apoyos gráficos a partir del esquema de presentación (láminas, cuadros sinópticos, dibujos, tablas de datos). Al exponer, utiliza las fichas de trabajo que elaboraste.

MÁS IDEAS PARA REVISAR TUS ESCRITOS

Cuando alguien escribe, lo más importante es que logre comunicar a otras personas lo que desea. No creas que un texto queda bien escrito en el primer intento, siempre es necesario revisarlo. Hasta los mejores escritores revisan y modifican partes de sus escritos después de haber hecho la primera versión. Siempre hay algo que se puede mejorar.

Aquí encontrarás recomendaciones generales. Revísalas y toma en cuenta las que te sirvan para el tipo de texto que hayas escrito.

Revisa el contenido
Para revisar un texto es necesario leerlo más de una vez. En la primera lectura, revisa el contenido. En el margen de la hoja puedes hacer las anotaciones sobre lo que tengas que modificar.
• Lee tu texto y contesta las siguientes preguntas:
¿Dijiste todo lo que querías decir?
¿Presentaste las ideas en el orden en que querías o te parece que hay un orden mejor?
¿Las ideas que expresaste tienen suficientes ejemplos y detalles que las expliquen?
¿Es el tipo de escrito apropiado para la situación?
¿Son adecuados el título y los subtítulos?
• Subraya las palabras que repitas varias veces. Fíjate en qué casos puedes utilizar sinónimos, y sustitúyelas.
• Para relacionar las ideas en tu texto, puedes utilizar palabras como: entonces, por consiguiente, puesto que, por eso, como, así, por tal motivo.

La ortografía
Después de revisar el contenido, vuelve a leer tu texto y revisa los siguientes puntos:

- Debes usar mayúsculas al principio, después de cada punto y en los nombres propios.
- Revisa la acentuación de las palabras. Encierra en un círculo aquéllas de las que tengas duda. Para verificarlas, consulta el diccionario o pregúntale a tu maestro.
- Utiliza los signos de admiración y de interrogación, las comillas y los guiones largos en los lugares correspondientes.
- Coloca punto y aparte, punto y seguido y comas en los lugares que sea necesario.

La organización gráfica

Es cierto que lo más importante de un escrito es el contenido, pero también es necesario cuidar cómo se organiza gráficamente. Cuando termines de revisar tu texto, sigue estas recomendaciones al pasarlo en limpio:
- Decide en qué tipo de material vas a trabajar (en una hoja blanca, en tu cuaderno, en un cartoncillo o en el pizarrón).
- Observa en qué lugar de la hoja debes escribir cada parte, de acuerdo al tipo de texto que estés trabajando.
- Respeta los márgenes y utiliza sangrías cuando sea necesario.
- Cuida que los párrafos estén separados.
- Procura que tu letra sea legible y apropiada para el material que elabores. Fíjate si es necesario que hagas letras de distintos tamaños. Por ejemplo, si es un cartel o un material para exponer en clase, la letra debe ser grande y clara para que sea atractivo y los demás alcancen a verlo con facilidad.

Revisa tu escrito con alguien más

El punto de vista de tus compañeros es muy útil. Sus recomendaciones ayudarán a mejorar tu escrito, de la misma manera que tú puedes ayudarlos con sus textos.
- Intercambien sus trabajos y platiquen:
¿Qué ha querido decir el autor?
¿Qué les gusta más en ese trabajo?
¿Hay alguna parte que hubieran expresado de manera diferente?
¿Hay algún punto que les cueste trabajo entender?
- Además de estas preguntas, puedes utilizar los mismos criterios que utilizaste para revisar tu texto de manera individual.
¿Qué ha querido decir el autor?
¿Qué les gusta más en ese trabajo?
¿Hay alguna parte que hubieran expresado de manera diferente?

GLOSARIO

acervo: Conjunto de materiales escritos que forman una biblioteca.

adulón: Que habla con amabilidad exagerada.

apelmazar: Hacer compacta una cosa.

apero: Conjunto de utensilios que sirven para labrar.

apícola: Que se relaciona con la crianza de abejas y el aprovechamiento de la miel.

baluarte: Construcción que se ubica en las esquinas de las fortificaciones.

ceiba: Árbol americano de la familia de las bombacáceas cuyo fruto contiene algodón.

cenefa: Banda de adorno que va en el borde de algún objeto.

cirugía: Procedimiento para curar por medio de una operación.

dar de alta: Declarar sana a una persona.

desterrar: Obligar a alguien, como castigo, a que abandone su país, o expulsar a una persona de cierto territorio.

era: Cada uno de los grandes periodos en los que se divide el estudio de la evolución de la Tierra.

erosionado: Que ha sufrido desgaste o daño por diversos elementos, como el viento o el agua.

Se aplica generalmente al suelo o a la corteza terrestre.

escardar: Arrancar las malas hierbas de los campos cultivados.

exportador: País o persona que vende mercancía a otros países.

fraternalmente: Con afecto estrecho, unión y colaboración como de hermanos.

frecuencia cardiaca: Número de veces que late el corazón durante un minuto.

hervidero: Multitud de personas.

itálica: Tipo de letra inclinada que se utiliza para marcar o resaltar partes de un texto.

luneta: Sitio, frente al escenario, en el que se colocan los asientos para el público en un teatro.

machincuepa: Voltereta del cuerpo que se ejecuta apoyando la cabeza y las manos sobre el suelo y empujándose con los pies para caer de espaldas.

marsupia: Bolsa que tienen en la parte delantera del cuerpo las hembras de los animales llamados "marsupiales", como el canguro, en donde llevan a sus crías hasta que completan su desarrollo.

notario: Funcionario público que da fe de decisiones personales y de actos que se realizan en su pre-

sencia y que dan lugar a obligaciones o compromisos legales, como testamentos, contratos, etcétera.

orfebre: Persona que hace objetos artísticos con metales preciosos.

oropel: Papel laminado que se usa en algunos productos comerciales.

oscilar: Variar continuamente una cantidad.

óseo: Que está formado de hueso.

pértiga: Vara larga y fuerte.

quimérico: Que es fantástico, imaginario, no real.

romerillo: Nombre de varias plantas compuestas de flores blancas o amarillas, algunas de las cuales se emplean como medicina o como pasto para el ganado vacuno.

saciar: Dar a alguien comida o bebida hasta que ya no tiene más hambre o sed.

santiamén: Rápidamente.

secreción: Sustancia líquida que se expulsa del interior del cuerpo.

trillo: Utensilio que sirve para sacar el grano de las espigas.

topográfico: Relativo a la forma, dimensiones y relieves de un terreno.

trasatlántico: Que cruza al otro lado del Atlántico.

BIBLIOGRAFÍA

▶ **Uno**
Cortázar, Julio: *Rayuela*. Editorial Sudamericana, Buenos Aires, 1974.

▶ **Dos**
Cardoso, Onelio Jorge: "Francisca y la Muerte", en: *Cuentos*. Difusión Cultural, UNAM, México, 1992.
Montes, Graciela: *Tengo un monstruo en el bolsillo,* Libros del Rincón, SEP, México, 1992.

▶ **Tres**
Filip, Virginia/Bioimagen: "Cocodrilo, lagarto o caimán. ¿Cuál es cuál?", en: *Lo mejor de México desconocido*. Editorial Jilguero-SEP, México, 1990.
Diccionario básico del español de México. El Colegio de México, México, 1986.
Uribe, Ceferino: "Reptiles", en: *Insectos, reptiles, anfibios y peces*. Libros del Rincón, Colección Colibrí, SEP-Salvat, México, 1990.

▶ **Cuatro**
El Sol de México. 28 de julio de 1988.*
Unomásuno. 22 de julio de 1988.*
El Nacional. 23 de julio de 1988.*
Diario de México. 26 de julio de 1988.*
Excélsior. 17 de agosto de 1988.*

▶ **Cinco**
El nuevo tesoro de la juventud. Editorial Cumbre, México, 1984.*

▶ **Seis**
"La leyenda del fuego", en: *Cuántos cuentos cuentan…*, Esther Jacob y Antonio Ramírez Granados (comp.), Serie: Literatura Infantil, CONAFE, México, 1984.
"¿Sabes quiénes son los huicholes?", en: *Cuántos cuentos cuentan…* Esther Jacob y Antonio Ramírez Granados (comp.), Serie: Literatura Infantil, CONAFE, México, 1984.
"La mujer armadillo y la mujer tepezcuintle", en: *Tres enamorados miedosos. Cuentos y narraciones indígenas*. Elisa Ramírez y Ma. Ángela Rodríguez (comp.), Libros del Rincón, SEP, México, 1987.

▶ **Siete**
Azevedo, Ricardo: *Nuestra calle tiene un problema*. Libros del Rincón, SEP, México, 1982.

▶ **Ocho**
Reyes, Alfonso: "Sol de Monterrey", en: *Obras completas* X; *Constancia poética*, Letras Mexicanas. Fondo de Cultura Económica, México, 1959.
Zaid, Gabriel (comp.): *Ómnibus de poesía mexicana*. Siglo XXI Editores, México, 1973.*

▶ **Nueve**
Pérez Martínez, Héctor: *Piraterías en Campeche (Siglos XVI, XVII, XVIII)*. Editorial Porrúa Hnos., México, 1937.*
Los piratas. Colección Colibrí, Historia, coedición SEP-Salvat, México, 1979.*
Möller, Harry: "Piratas contra la muralla. Un poco de historia", en: *Lo mejor de México desconocido*. Editorial Jilguero-SEP, México, 1990.*
La Jornada. 24 de noviembre de 1993.*
Origen y evolución del idioma español. Colección Nuestro Idioma, tomo II. SEP, México, 1982.*
Carpentier, Alejo: "Los fugitivos", en: *Obras completas de Alejo Carpentier III. Guerra del tiempo. El acoso y otros relatos*. Siglo XXI Editores, México, 1983.

▶ **Diez**
Carballido, Emilio: *"La lente maravillosa",* en: *El arca de Noé. Antología y apostillas de teatro infantil*. SEP-Setentas, México, 1974.

▶ **Once**
Arango, Ma. Clara *et al.: Guía didáctica de educación en población.* Cuadernos Técnico-Pedagógicos. UNESCO FNUAP, Caracas, 1985.
Chispa, Núm. 134. Innovación y Comunicación. CONACYT-SEP, México, 1992.*
El Financiero. 14 de octubre de 1993.*

▶ **Doce**
Aura, Alejandro: "El circo en la ventana", en: *Escala*. Impresiones Aéreas, México, octubre de 1993.
Bayona, Pedro: "El castillo desaparecido", en: *La legión de la tarántula*. Libros del Rincón, SEP-Ediciones del Ermitaño, México, 1986.

▶ **Trece**
Coronado, Enrique: "La apicultura", en: *Escala*. Impresiones Aéreas, México, octubre de 1993.*
Diccionario básico del español de México. El Colegio de México, México, 1986.

▶ **Catorce**
Lepscky, Ibi: *Leonardo*. Ediciones Destino, España, 1992.
El nuevo tesoro de la juventud. Editorial Cumbre, México, 1984.*

▶ **Quince**
ONU: *Declaración Universal de los Derechos Humanos*. Amnistía Internacional, sección México, 1993.*

*Fuente de consulta

Español.
Sexto grado
se imprimió en los talleres de la Comisión Nacional de Libros
de Texto Gratuitos, con domicilio en Av. Acueducto No. 2,
Parque Industrial Bernardo Quintana, C.P. 76246, El Marqués, Qro.,
el mes de octubre de 2008.
El sobretiro fue de 55,000 ejemplares
sobre papel offset reciclado
con el fin de contribuir a la conservación del medio ambiente,
al evitar la tala de miles de árboles
en beneficio de la naturaleza y los bosques de México.

Impreso en papel reciclado